Contrastre insuffisant
NF Z 43-120-14

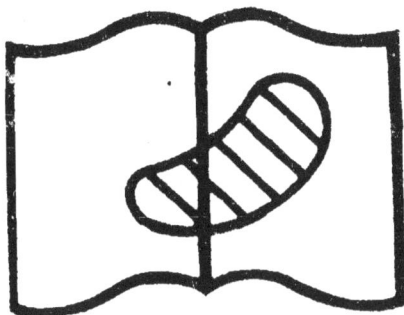

Illisibilité partielle

Valable pour tout ou partie
du document reproduit

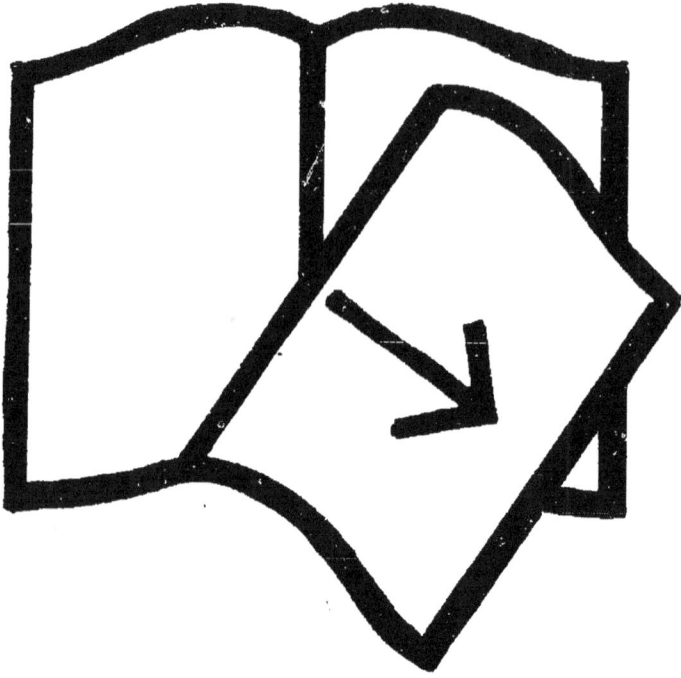

Couverture inférieure manquante

STATISTIQUE ECCLÉSIASTIQUE

———— ✝ ————

POUILLÉS

DU

DIOCÈSE DE VIENNE

PUBLIÉS PAR

L'abbé C.-U.-J. CHEVALIER

ROMANS

Imprimerie de l'Auteur

MDCCCLXXV

[Extrait du Bulletin de la Société départementale
d'Archéologie et de Statistique de la Drôme.]

STATISTIQUE ECCLÉSIASTIQUE.

La nature, aussi bien que le titre de ce *Recueil*, demandait
pour notre province des études spéciales sur sa *topographie
ecclésiastique*, qui, au moyen âge surtout, fut la principale,
sinon la seule circonscription géographique en usage. — Nous
nous occuperons d'abord du diocèse de Vienne. Sa qualité de
métropole, le droit réciproque d'administration qui lui était
dévolu sur l'évêché de Valence pendant la vacance du siége,
l'absorption par le département de la Drôme, non-seulement
de deux de ses anciens suffragants (Valence et Die), mais aussi
d'une partie de ses dépendances sur la rive droite de l'Isère,
rendent ce travail préalable indispensable (1).

La Viennaise (*Viennensis provincia*) doit son origine au dé-
membrement de la Narbonnaise, effectué en 314, sous l'empereur Constantin; elle fut formée de la partie de cette province
à l'est du Rhône et du territoire des *Helvii*, et renferma ainsi
les tribus des Allobroges, des Ségalaunes, des Voconces, des
Cavares, des Tricastins et des Helviens. Comprise dans le premier des trois diocèses de la préfecture des Gaules, elle était
la 94e province de l'empire romain. Au commencement du Ve
siècle, elle figure parmi les *sept provinces* (2). La NOTITIA PRO-

---

(1) Saint-Paul-trois-Châteaux, que renferme aussi le département de la
Drôme, fit, dès le Ve siècle, partie de la province ecclésiastique d'Arles;
il en fut détaché en 1475, pour devenir suffragant de la nouvelle métropole
d'Avignon, créée par Sixte IV.

(2) Nous rencontrons pour la première fois cette expression dans la lettre
du pape Zosime aux évêques des Gaules, en 417; en voici la suscription :
Zosimus universis episcopis per Gallias et septem provincias constitutis.
(Coustant, *Epistolæ Roman. Pontificum*; Paris, 1721, t. I, *Zos. ep. Ia.*)
— Le pape saint Boniface Ier indique la même division dans sa lettre adressée

1

VINCIARUM ET CIVITATUM GALLIÆ (1) lui donne le premier rang : *Item in provinciis septem. Provincia Viennensis. — Metropolis civitas Viennensium. Civitas Genavensium. Civitas Gratianopolitana. Civitas Albensium. Civitas Deensium. Civitas Valentinorum. Civitas Tricastinorum. Civitas Vasensium. Civitas Arausicorum. Civitas Cabellicorum. Civitas Avennicorum. Civitas Arelatensium. Civitas Massiliensium.* Toutefois, on l'a trop peu remarqué, cette circonscription territoriale était plutôt civile qu'ecclésiastique (2). Par la division ultérieure de cette

---

en 418 *Patroclo, Remigio,....... et cæteris episcopis per Gallias et septem provincias constitutis.* (*Ibid., Bon. ep. I*). — L'empereur Honorius en fit mention cette année même dans une constitution envoyée sur ce sujet à Agricole, préfet du prétoire des Gaules.

(1) Cette *Notice*, tirée d'un ancien manuscrit, a été publiée par le P. J. Sirmond (*Concilia antiq. Galliæ*; Paris, 1629, in-f°, t. I), et plusieurs fois reproduite (on peut la voir dans CHARVET, *Hist. de la sainte Eglise de Vienne*; Lyon, 1761, in-4°, pag. 21), particulièrement par Cajetan CENNI (*Monumenta dominationis pontificiæ, seu Codex Carolinus, juxta autogr. Vindob.*; Romæ, 1760-71 in-4°, t. II), sous le titre de *Provinciale vetus.* — On fixe communément sa rédaction entre les années 395 et 423. Toutefois, des documents certains nous permettent d'en circonscrire la date d'une manière plus étroite. Elle ne peut être postérieure à la lettre du pape Zosime, de 417, où il est fait mention de la division en *sept provinces.* D'autre part, la lettre synodique du concile de Turin, en 401 (rapporté à la date inexacte de 395 par les PP. Labbe et Cossart (*Collectio max. Concilior.*; Lutet. Paris., 1671, in-f°, t. II, col. 1155), et sur cette date controversée, voir les BOLLANDISTES, *Acta SS.*, III febr., pag. 354), parle encore des *cinq* provinces; en voici les premiers mots : *Sancta synodus, quæ convenit in urbe Taurinatium, die X kalend. octobris, fratribus dilectissimis per Gallias et quinque provincias constitutis.* Expressions que nous retrouvons dans la lettre de l'empereur Maxime au pape Sirice, au sujet de la réunion des évêques *qui intra Gallias, vel qui intra quinque provincias commorantur* (*Patrologiæ latinæ*, édit. Migne, seria Iª, t. XIII, col. 591); et antérieurement, dans la lettre du concile de Valence, en 374, adressée *Dilectissimis fratribus per Gallias et quinque provincias constitutis episcopis.* (LABBE et COSSART, *ibid.*, col. 904.)

(2) Elle énumère, en effet, au rang des métropoles, des villes qui ne furent archevêchés qu'à une époque plus récente; ainsi Mayence (*metropolis civitas Mogunciaciensium*) dans la Iᵐ Germanie, ne fut érigée en

province en deux, Arles devint métropole, et Vienne (*Vienna Allobrogum*) resta capitale de la Viennoise Ire.

L'église de Vienne, une des plus anciennes et des plus illustres des Gaules, est contemporaine de l'établissement même du christianisme dans l'empire romain. L'importance politique de cette ville lui fit obtenir de bonne heure la dignité de métropole (1). Au temps de saint Léon-le-Grand, l'évêque de Vienne n'avait que quatre suffragants : Valence, Moutiers-en-Tarantaise, Genève et Grenoble. Nous en trouvons la preuve dans le décret de ce pape, du 5 mai 450, en réponse à la lettre (*preces*) des évêques de la province d'Arles : .... *Unde Viennensem civitatem, quantum ad ecclesiasticam justitiam pertinet, inhonoratam penitus esse non patimur : præsertim cum de repetitione privilegii, auctoritate jam nostræ dispositionis utatur ; quam potestatem Hilario episcopo ablatam, Viennensi episcopo credidimus deputandam. Qui ne repente semetipso factus videatur inferior, vicinis sibi quatuor oppidis præsidebit, id est Valentiæ, et Tarantasiæ, et Genavæ, et Gratianopoli, ut cum his ipsa Vienna sit quinta, ad cujus episcopum omnium prædictarum ecclesiarum sollicitudo pertineat. Reliquæ vero civitates ejusdem provinciæ, sub Arelatensis antistitis auctoritate et ordinatione*

---

métropole ecclésiastique que sous le pape Zacharie, en faveur de saint Boniface, au milieu du VIIIe siècle. Parmi les cités, elle place des localités qui certainement n'avaient point alors d'évêques; enfin, les *castrum* et *portus* qui y figurent ne répondent à aucune division ecclésiastique.

(1) On ne s'étonnera pas si cette étude sur l'étendue progressive de la province de Vienne et sur la primatie de cette église contredit sur quelques points ce qu'en ont dit le Célestin Jean du Bois, *Floriacensis vetus bibliotheca*, læv. Xyst.; — J. Le Lièvre, *Histoire de l'antiqvité et saincteté de la cité de Vienne*, passim; — Nic. Chorier, *L'Estat politiqve de la province de Davphiné*, t. I, p. 128 seq.; — Guy Allard, *Diction. historique et polit. du Dauphiné*, publié par M. Gariel, t. I, p. 51, — Drouet de Maupertuy, *Histoire de la sainte église de Vienne*, Lyon, 1708, in-4°., passim.; — Charvet, ouvr. cité.; — Collombet, *Hist. de la sainte église de Vienne*, t. I, p. 124, etc. Ces auteurs, à l'exception cependant du dernier, n'ont pas mis assez de critique dans l'appréciation des documents dont ils ont fait usage dans la défense d'une cause à laquelle ils étaient affectionnés ou qu'ils avaient mission de défendre. Il est aussi des actes qu'ils n'ont pas connus.

consistant (1). Cette lettre détermine, comme on le voit, les droits respectifs des églises de Vienne et d'Arles. — Cette décision fut confirmée par le successeur de saint Léon ; le pape Symmaque écrivait, en 513, aux évêques des Gaules : *Idcirco quemadmodum decessor noster Leo papa........ definivit parochiarum numerum vel quantitatem Arelatensi et Viennensi sacerdotibus deputandam, et nos præcipimus nullius usurpatione transcendi; sed, ut ante prædiximus, juxta indulgentiam supradicti pontificis, Valentiam, Tarantasiam, Genavam atque Gratianopolim oppida Viennensis antistes juri suo vindicet, nec quidquam amplius ab his quæ semel ab apostolica sede sibi concessa sunt, æstimet præsumendum. Alias vero parochias vel diœceses........ Arelatensis episcopus......... defendat* (2).

Les droits des métropolitains de Vienne et d'Arles furent de nouveau examinés au concile tenu sous Charlemagne, en 794, à Francfort, où furent lues les lettres des papes Zosime, saint Léon, Symmaque et saint Grégoire-le-Grand sur cet objet (3).

La juridiction de l'église de Vienne était contenue dans les mêmes limites au IXe siècle, comme nous l'apprennent ces paroles du pape Nicolas Ier, dans son rescrit de l'an 867 à l'archevêque saint Adon : *Sicut....... ab antecessoribus nostris, beatissimo scilicet Leone et reliquis pene ad nostra tempora, præstitum est largitione apostolica, ut juri Viennensis ecclesiæ quatuor civitates vel oppida, Gratianopolis scilicet, Valentia, Genava, Darentasia, perpetue subjectæ manerent, ita modo noster præsulatus futuris temporibus firmum et inconvulsum durare præ-*

---

(1) SIRMOND, *Concil. ant. Galliæ*, t. I, p. 91, ou *Patrol. lat.*, t. LIV, col. 885.

(2) SIRMOND, *ibid.*, p. 186, ou *Patrol. lat.*, t. LXII, col. 62.

(3) *De altercatione Ursionis Viennensis episcopi, et Elifanti Arelatensis episcopi, lectæ sunt epistolæ beati Gregorii, Zosimi, Leonis et Symmachi, qui (al. quæ) definierunt quod Viennensis ecclesia quatuor suffraganeas habere sedes deberet, quibus illa quinta præemineret; et Arelatensis Ecclesia novem suffraganeas habere deberet, quibus ipsa præemineret. De Tarentasia vero et Ebreduno, sive Aquis, legatio facta est ad sedem apostolicam, et quidquid per pontificem Romanæ Ecclesiæ definitum fuerit, hoc teneatur.* (LABBE et COSSART, *Coll. max. Concil.*, t. VII, col. 1059, cap. VIII.)

senti decreto constituit, et ut ad potestatem et dispositionem Viennensis metropolis pertineant immobiliter definivit. Neque propterea Darentasiensis ecclesia, si aliquod munus privilegii illi concessum est, perdet......... Sed ut sub jure Viennensis ecclesiæ ita se positam semper sciat........; et....... nihil præter auctoritatem Viennensis præsulis definire præsumat (1). — Vers cette époque, Moutiers-en-Tarantaise, qui, comme on l'a vu, sans être complétement indépendant de Vienne, avait un certain pouvoir au-delà des Alpes, fut érigé en archevêché, avec Sion en Valais, Aoste et Saint-Jean-de-Maurienne pour suffragants (2).

---

(1) D. Mansi, *Sac. Conciliorum nova et ampl. Collectio*, t. XV, ou *Patrol. lat.*, t. CXIX, col. 1151. Nous n'ignorons pas la publication par Dubois (*Floriac. biblioth.*, *ibid.*, p. 53) du texte de cette lettre avec cette variante capitale (cf. Le Lièvre, ubi supra, p. 208) : *Præstitum est........ ut ad privilegium Viennensis Ecclesiæ septem provinciæ pertinerent, in quibus præsul ipsius, vices nostras agens, conventus synodales indiceret, et jura ecclesiastica juste et regulariter* (Le L. *canonice*) *definiret; et juri Viennensis ecclesiæ, septem oppida vel civitates Gratianopolis scilicet, Valentia, Dia, Alba Vivarium, Genava et Tarentasia, perpetuo subjectæ manerent, ita et Mauriana nunc noster præsulatus*......... Sans vouloir nous prononcer ici sur l'origine de cette version, nous maintenons comme authentique celle du savant archevêque de Lucques. — Les mêmes auteurs (*Flor. bibl.*, p. 27; Le Lièvre, p. 107) rapportent un décret du pape saint Sylvestre (an. 314-335) qui attribue déjà à l'église de Vienne la suprématie sur sept provinces. Voir sur cette lettre, dont la suscription seule accuse la fausseté (*episcopis per Gallias et per* SEPTEM *provincias*), Baronius, *Annales eccles.*, ad ann. 417, et surtout Coustant, ubi supra, app., p. 35, ou *Patrol. lat.*, t. VIII, col. 845. — C'est encore par erreur que D. Estiennot, dans son *Éloge historique de saint Barnard*, inséré par M. Giraud en tête de son *Essai hist. sur l'abbaye de S.-Barn. et sur la ville de Romans*, montre cet archevêque consacrant l'église de Romans « avec ses huit suffragants » (p. xliij). Cette indication, qu'il n'appuie d'aucune preuve, provient sans doute de la lecture inattentive de ce passage de la légende du saint dans le *Bréviaire* à l'usage de cette collégiale : *cum decem et octo pontificibus........ consecravit* (f° CCCLXXXVIII de l'édit. gothique de 1518). Ce nombreux cortége d'évêques était plutôt un hommage rendu à la personne de saint Barnard que la reconnaissance d'un droit hiérarchique. M. Collombet a reproduit la même erreur, t. I, p. 261 ; voir cependant Charvet, p. 182, note (*b*).

(2) D'après la bulle *Calixtine* de 1120, l'archevêque de Tarantaise devait reconnaître celui de Vienne comme son primat.

C'est dans la Notitia quinque patriarchatuum (1) que nous trouvons la circonscription ecclésiastique de la province de Vienne telle qu'elle s'est maintenue jusqu'à la Révolution. *In Burgundia, archiepiscopus Viennensis hos habet suffraganeos : Valentinum, Vivariensem, Diensem, Gratianopolitanum, Maurianensem, Gebennensem;* c'est-à-dire Valence, Viviers, Die, Grenoble, Saint-Jean-de-Maurienne et Genève (2).

Ces restrictions apportées dans la juridiction ordinaire de l'archevêque de Vienne étaient l'exécution du canon du concile de Nicée, qui prescrivait à chaque métropolitain de borner son pouvoir à l'étendue de sa province (3). Il n'en exerçait pas moins une haute autorité sur une partie des Gaules. L'antiquité reculée comme l'illustre origine de son siége, les priviléges dont les empereurs enrichirent sa ville épiscopale, la présence dans les murs de Vienne des souverains successifs des deux royaumes de Bourgogne, dont il fut le chancelier, sa dignité de comte de Vienne, puis de prince de l'empire, lui donnèrent une importance qui, à certaines époques, ne le céda en rien à celle du métro-

---

(1) Ce code provincial de l'Église romaine, rapporté par Baronius à l'an 1057, paraît être du XIe ou du XIIe siècle; on y voit les cinq églises de Rome, qui y sont nommées patriarchales, desservies chacune par sept cardinaux. Cajet. Cenni l'a reproduit dans son *Provinciale vetus,* sous le titre peu exact de *Variantes lectiones ex codd. regg.,* à la *Notitia provinciarum* ci-dessus.

(2) Par une bulle du 6 mars 1077, le pape saint Grégoire VII confirma la juridiction de l'archevêque de Vienne sur ces six évêchés, ainsi que sur Tarantaise. (*Floriac. bibl.,* p. 71; Le Lièvre, p. 309; Cocquelines, *Bullar. collect.,* t. II, p. 41.) Ajoutons, toutefois, que cette bulle n'a été admise par Mansi et par Jaffé (*Reg. Pont. Rom.*) qu'avec la note *dubia.* (*Patrol. lat.,* t. cxlviij, col. 731.) En 1095, Urbain II, pour mettre fin au différend entre l'archevêque Guy de Bourgogne et saint Hugues, évêque de Grenoble, affranchit ce dernier de la juridiction de son métropolitain; mais cette décision fut toute personnelle et n'eut qu'un effet momentané. — Deux siècles après (1275), l'évêché de Die fut uni à celui de Valence par le pape Grégoire X; le nombre des suffragants de Vienne fut ainsi réduit numériquement à cinq, jusqu'en 1687, que la distinction des deux siéges fut rétablie.

(3) Voir aussi la lettre du pape Célestin Ier *ad episcopos provinciæ Viennensis et Narbonnensis.* (*Patrol. lat.,* t. L, col. 429, cap. IV.)

politain de la Ire Lyonnaise. Au concile d'Epaone, en 517, saint
Avit eut la préséance sur Viventiole, archevêque de Lyon ; à
celui tenu en 892, dans la basilique de Saint-Sauveur, le pontife
viennois entendit le pape Formose lui donner le titre de
métropolitain des Gaules (1). Enfin, au XIIe siècle, son pouvoir
reçut un développement inespéré. Guy de Bourgogne, monté
du siége archiépiscopal de Vienne sur la chaire de Saint-Pierre,
donna, en 1120 (2), à son ancienne église la primatie sur les
sept provinces de Vienne, Bourges, Bordeaux, Auch, Nar-
bonne, Aix et Embrun : ce décret se fonde sur d'anciennes
prérogatives. L'archevêque de Vienne put dès lors se qualifier
de *primat des primats* et faire inscrire sur sa monnaie cette
devise : *Vienna maxima sedes Galliarum* (3). Quoique ce pouvoir
étendu, discuté dans la suite, fut de peu d'exercice, Vienne ne
conserva pas moins jusqu'en 1790 ses trois degrés d'officialité :
archiépiscopale ou diocésaine, métropolitaine et primatiale.

POUILLÉ DU DIOCÈSE DE VIENNE.

« Parmi les documents topographiques que les âges précé-
» dents nous ont légués », a dit le regrettable M. Aug. Le
Prevost, « il n'en est point qui présentent un plus grand

---

(1) Vers cette époque, comme nous l'avons constaté dans le *Liber censuum*
ou *de redditibus provinciarum et ecclesiarum qui debentur Romanæ ecclesiæ*,
publié par Cajet. CENNI, à la fin du *Provinciale vetus* (cf. p. 2, note 1),
l'église de Vienne, par une exception assez rare, n'était tenue à aucune
redevance envers l'Église romaine.

(2) Cette bulle, nommée de son auteur *Calixtine*, fut expédiée à Valence,
le 25 février ; elle régla aussi les rapports de dépendance de plusieurs
abbayes (cf. p. 5, note 2). Les archives de la préfecture de la Drôme en
conservent une copie figurée.

(3) PAGI, *ad Annal. Baronii*, an. 1120, t. IV, p. 417. D'après le *Gallia Chris-
tiana*, édit. de 1656, t. I, p. 790, une médaille plus ancienne portait déjà cette
légende : *Sancta Metropolis Vienna maxima Galliarum*. Voir COLLOMBET,
ibid., t. II, p. 440, *des Monnaies de Vienne*, et *Revue de Numismatique*,
année 1837, p. 366.

» nombre de noms de lieu groupés dans un ordre plus métho-
» dique, ni dans un synchronisme plus complet, que les anciens
» dénombrements de bénéfices ecclésiastiques connus sous le
» nom de *Pouillés* » (1).

Les *pouillés* (*polyptichum*) (2), appelés aussi *rôles* (*rotulus*) (3), étaient dans l'origine des registres d'actes publics ou privés. On désigna ensuite sous ces noms des états de propriétés, de redevances, de services de toute nature, quelquefois avec indication des titres (4). Ils devinrent enfin ce qu'ils sont restés jusqu'à la Révolution, les inventaires des bénéfices ecclésiastiques séculiers et réguliers de chaque diocèse, offrant, classés par archidiaconés, archiprêtrés ou doyennés, la dénomination de ces bénéfices, le nom du saint sous l'invocation duquel l'église était placée, l'indication du patron qui y présentait et du collateur qui en investissait, la taxe à laquelle chacun d'eux était imposé, etc. On conçoit tout ce que ces répertoires peuvent offrir de ressources pour l'étude soit de la topographie, soit de la hiérarchie ecclésiastique et même féodale du moyen âge.

Le dépouillement de plusieurs documents statistiques de l'archevêché de Vienne nous a permis de réunir, sur cet ancien diocèse, la majeure partie des renseignements qu'exigent les règles généralement suivies de nos jours pour la confection des *pouillés*. Notre travail se compose de deux parties distinctes : la première consiste dans la reproduction d'un *pouillé* ou *rôle*, en latin, des bénéfices du diocèse de Vienne en 1523. Ce précieux document, conservé aux archives de la préfecture de la Drôme

---

(1) *Pouillés du diocèse de Lisieux*; Caen, 1844, in-4°, p. 1.

(2) Avec ses variantes : *Pollegeticum, politigum, politogum, polecticum, poleticum, puleticum, puletum, puletus, poletum et poletus.* (*Lexicon manuale ad script. mediæ et inf. latinitatis*, ex glossar. Dufr. Ducangii, Carpentarii, Adelungi et aliorum; Paris, Migne, 1858, grand in-8°.

(3) D'où *rotulare*, rédiger en acte écrit, et *rotularius*, notaire, greffier (*ibid.*)

(4) A cette catégorie appartient le célèbre *Polyptique* de l'abbé Irminon, publié avec de savants prolégomènes par M. GUÉRARD.

sous la cote$\frac{1693}{G\,13464}$, forme un cahier de 36 feuillets, comprenant 752 articles (1).

Nous le donnons dans toute son ingénuité, avec cette différence que des deux taxes assignées à chaque bénéfice nous ne reproduirons que la première ; la seconde étant toujours calculée au dixième. Nous avons ajouté des numéros d'ordre pour faciliter les recherches, et mis entre parenthèses des chiffres de renvoi au *pouillé* moderne qui en donne la synonymie. Dans la seconde partie, nous avons réuni d'une manière méthodique les indications principales sur la situation des mêmes bénéfices à la fin du XVIII⁰ siècle (2), au moment où l'ancienne société française allait s'effondrer dans la tourmente révolutionnaire, avec mention des modifications survenues depuis le précédent.

Nous regrettons que la disposition typographique du *Bulletin* ne nous ait pas permis de dresser ce tableau statistique ecclésiastique des trois derniers siècles d'une manière plus saisissante. Toutefois, nous avons remédié en partie à ce défaut par une concordance entre les deux *pouillés* et un ordre alphabétique subsidiaire pour le second.

---

(1) Le nom de M. de Pourroy, chanoine sacristain de Saint-Barnard, inscrit sur le dos, en indique assez la provenance, et la souscription placée à la fin, l'origine. Les dernières pages sont occupées par un fragment du *pouillé* du diocèse de Belley, contenant ses bénéfices en Dauphiné, compris dans la levée du subside de 1523.

(2) COLLOMBET, au tome III de son *Histoire de la sainte Église de Vienne*, chap. XLIX, p. 403 et suiv., a inséré un *État statistique du diocèse de Vienne en* 1787, extrait de l'*Almanach*............ *de la province de Dauphiné* pour cette année, sans en avoir eu de plus récent sous les yeux (p. 414, n.) Notre travail a eu principalement pour base ceux de 1789 et 1790 ; Grenoble, A. Giroud, in-16.

CIVITATIS ET SUBURBIORUM
VIENNÆ
ROTULUS sive POLLETUS SUBSIDII.

1. Archiepiscopatus Viennæ (N.º 1). . . . . IIIIᵐ (A).

(A) Les cotisations sont évaluées en livres tournois, qui valaient, sous
François Iᵉʳ, 3 l. 11 s. 2 d., soit 3 fr. 514 ᵐ de notre monnaie actuelle.

ROLE DES PAROISSES DU DIOCÈSE DE VIENNE

AVEC INDICATION DES VOCABLES, PATRONS,
BÉNÉFICIERS, ETC.

Le diocèse de Vienne s'étendait dans le Dauphiné, le Lyonnais, le
Forez et le Vivarais. Il avait au nord le diocèse de Belley, à l'orient
celui de Grenoble, au midi celui de Valence, à l'occident ceux de Lyon
et du Puy. Sa plus grande longueur était de 22 lieues et sa plus grande
largeur de 18. Il y avait au XVIIIᵉ siècle (b) deux juridictions super-
posées : celle des archidiacres et celle des archiprêtres. — Les premiers
étaient au nombre de cinq : le grand-archidiacre de Vienne et les archidiacres d'au-delà du Rhône (dont le doyen de la cathédrale était titulaire en cette qualité), d'Altavéon, de Salmorenc et de la Tour-du-Pin.
— Des vingt archiprêtrés, seize étaient en Dauphiné : Artas, Beaurepaire, Beauvoir-de-Marc, Bourgoin, Bressieu, Communai, la Côte-

(b) Au XVIᵉ siècle, comme le montrera le *pouillé* de 1523, le diocèse de
Vienne était divisé en huit archiprêtrés, outre la ville de Vienne et ses
faubourgs; c'étaient Annonay et Quintenas, Romans, la Tour-du-Pin, Beauvoir-de-Marc, Saint-Vallier, Bressieu et Valdême.
Au XVIIᵉ, la circonscription par mandements semble prévaloir : ils étaient
fort nombreux et nous en avons compté une cinquantaine dans GUY ALLARD
(*Diction. du Dauphiné*); quelques-uns étaient formés de deux paroisses.

2. Cathedralis ecclesia S^{ti} Mauricii Viennæ, comprehensis dominis canonicis, tam prebendis quam collegialis dignitatis officiis cappellanis, cum suis membris (2). . . . . II^m

3. Abbatia Sancti Petri foris portam Viennæ (5). . . . . . VIe.

4. Officia, beneficia et prebendæ prioris majoris et aliorum

Saint-André, Crémieu, Moras, Romans, Roussillon, Saint-Geoire, Saint-Marcellin, Saint-Vallier, la Tour-du-Pin et Virieu; un en Lyonnais : Condrieu; un en Forez : Bourg-Argental ; deux en Vivarais : Annonay et Saint-Félicien. — Ils comprenaient ensemble 430 paroisses et 50 annexes. Selon la *France ecclésiastique*, il y avait en outre six chapitres réguliers d'hommes et un de chanoinesses de Malte; 50 communautés régulières d'hommes ou de femmes, dont sept abbayes royales; douze hôpitaux et deux colléges.

VILLE DE VIENNE.

1. **Archevêché.** L'archevêque de Vienne prenait les titres de *primat des primats des Gaules*, vice-gérant du souverain pontife dans la province Viennoise et dans sept autres provinces, conseiller du roi en tous ses conseils, seigneur-comte de la ville de Vienne en pariage avec le roi, et abbé commendataire de l'abbaye de Saint-Chaffre du Monétier, diocèse du Puy, unie à l'archevêché. Il jouissait de 22,000 livres de revenu et payait 1854 florins de taxe à Rome pour ses bulles. Mgr. Lefranc de Pompignan, 110e archev., avait douze vicaires généraux. Outre les trois officialités, une chambre ecclésiastique réglait les affaires du clergé. — Sur la chapelle de l'archevêché, voir CHORIER, *Recherches des antiquités de Vienne*, p. 234.

2. **Chapitre de l'église primatiale, métropolitaine et cathédrale de Vienne,** sous le vocable de Saint Maurice, primitivement dédiée aux Macchabées. L'archevêque Jean de Bernin y fit transporter les reliques du chef de la légion thébaine (CHARVET, p. 637); le pape Innocent IV la consacra de nouveau en 1251 (c). Le chapitre avait été composé de 300 personnes, nombre qui fut réduit à 100 en 1275, comprenant un doyen (en cette qualité abbé de Notre-Dame de Caras), vingt chanoines, deux chevaliers, quatre quarteniers, six coadjuteurs, trente prêtres, quatre diacres, quatre sous-diacres, dix-huit clercs et douze enfants

(c) **Nous donnerons**, comme complément au *pouillé* de 1523, le texte annoté d'une ancienne description des nombreuses chapelles fondées dans la basilique de Saint-Maurice et les cloîtres attenants.

religiosorum dicti monasterii S^{ti} Petri, et capitula tam in communi quam particulari . . . . VIII^c.

5. Abbatia Sancti Andreæ monachorum Viennæ (4) . . . II^c L.

6. Cameraria, infirmaria, eleemosinaria et alia officia dictæ abbatiæ, tam in communi quam particulari, cum annexis. VI^c.

7. Ecclesia parrochialis S^{ti} Andreæ Monialium. (7) . . . XVIII.

---

de chœur (voir sur leur collation, COLLOMBET, p. 405). Les statuts de 1278 exigeaient, pour y être reçu, preuves de noblesse (d).

3. Vienne vit fleurir à une époque reculée un grand nombre de monastères. Des titres anciens rappellent les *cœnobia Griniacensium* (CHORIER, *ibid.*, p. 129), ainsi que plusieurs *recluseries* (*id.*, p. 17 et seq.). Il y avait sous l'évêque Cadéolde les monastères des *Saints Gervais et Protais* (*id.*, p. 359), de *Saint-Marcel* (p. 421), de *Saint-Nizier* (p. 431), etc.

4. **Abbaye de Saint-André-le-Bas**, de l'ordre de saint Benoit, fondée vers l'an 484 par le duc de Bourgogne Ancemond. Le roi Conrad en fut le restaurateur en 991; Rodolphe, son fils, confirma ses donations en 1015. L'archevêque Guy Ier la donna à l'abbé de la Chaise-Dieu; mais, devenu pape, il la rendit à l'église de Vienne, en 1120. En 1790, elle était réunie au chapitre de Saint-Pierre. — L'église paroissiale, sous le vocable de saint Pierre ès-liens, est décrite dans CHORIER, *ibid.*, p. 65 et suiv.

5. **Chapitre et abbaye de Saint-Pierre.** Fondée à la fin du Ve siècle, sous la règle de saint Benoit, elle avait 500 moines sous l'évêque Cadéolde en 662; renversée par les Maures, du temps de Charles-Martel, elle se relevait de ses ruines sous saint Adon en 860. Elle fut sécularisée en 1612, et réunie au chapitre de Saint-Chef en 1777. (Voir COLLOMBET, p. 408, pour la collation alternativement au roi et au doyen.) L'abbé jouissait de 5,500 liv. de revenu et payait 369 florins pour ses bulles de confirmation. — Située hors de Vienne, elle était entourée de murs de trois côtés et de l'autre par le Rhône. Son église, vénérable par le grand nombre de saints qui y étaient ensevelis, contenait une multitude d'inscriptions romaines et chrétiennes. (Voir CHORIER, *ibid.*, p. 246-317, et CHARVET, *ibid.*, p. 771 et suiv.)

(d) Les armoiries de Vienne étaient : *d'argent à l'orme de sinople chargé d'un calice d'or surmonté de la sainte hostie d'argent*, avec cette devise : VIENNA CIVITAS SANCTA.

8. Rectoria Sancti Severi Viennæ (19) . . . . XXX.
9. Collegium dictæ ecclesiæ cum cappellanis . . . . . . C.
10. Hospitale ultra portam Avinon (39) . . . . V.
11. Prioratus Sancti Martini Viennæ (17). . . . . C.
12. Præceptoria Sancti Antonii Viennæ (23) . . . . C.
13. Ecclesia parrochialis beatæ Mariæ Veteris (10). . . . L.

---

6. **Abbaye de Notre-Dame des Colonnes**, de l'ordre de saint Benoit, fondée dans le XIII⁰ siècle pour des religieuses; porta ensuite le nom de Sainte-Claire. En 1736, on lui réunit l'abbaye de Saint-Geoire.

7. **Abbaye de Saint-André-le-Haut**, du même ordre, fondée en 492 par Saint Léonien, abbé de Saint-Pierre. Il y eut jusqu'à cent religieuses. Le monastère, ruiné par les Vandales, fut rétabli par le roi Rodolphe, à la prière d'Ermengarde, sa femme. Julienne, fille d'Amé II, comte de Savoie, en mourut abbesse en 1194. On n'y recevait que des filles nobles. — L'église paroissiale était sous le vocable de Sainte Anne.

8. **Monastère de Sainte-Blandine**, fondé pour 25 veuves religieuses et consacré à l'héroïne viennoise. Des moines leur succédèrent. (CHORIER, p. 428-9.)

9. **Monastère de Sainte-Colombe.** Ce monastère de religieuses sous la règle de Saint Benoît, florissait sous Cadéolde, vers 686. (CHORIER, p. 129). Ce n'était plus qu'un prieuré dépendant de l'abbé de Saint-Pierre (p. 131, cf. p. 488 et N⁰ 6).

10. **Église de Notre-Dame de la Vie.** Ancien prétoire des Romains; paroisse à la nomination de l'abbesse de Saint-André-le-Haut. Il y avait une chapelle fondée par la maison de Costaing.

11. **Église de Saint-Alban.** Elle était située hors de la ville et figure comme paroisse dès 1069. (CHORIER, p. 351-2.)

12. **Église de Sainte-Colombe**, en Lyonnais, suburbe de Vienne; paroisse sous le patronage de la prieure des Bénédictines de Sainte-Colombe (N.⁰ 9), avait pour annexe Saint-Cyr.

13. **Chapelle de Sainte-Croix**, à Saint-Maurice, dont le titulaire, avec la qualité de curé, avait pour charge d'administrer les sacrements aux ecclésiastiques de la cathédrale.

14. **Église de Saint-Ferréol.** Bâtie sur un ergastule, reconstruite par Saint Mamert, elle fut brûlée par les Sarrasins et réparée par l'archevêque Willicaire. Elle resta du patronage de l'archevêque : Jérôme de Villars l'unit à la sacristie de Saint-Maurice.

15. **Église de Saint-Georges.** Elle renfermait les tombeaux de trois

14. Ecclesia S^{ti} Petri inter Judæos Viennæ (18). . . . .   L.

15. Ecclesia de Mons prope Viennam (B). . . . .   VI.

16. Ecclesia Sancti Georgii Viennæ (15). . . . .   XX.

17. Capella SS. Andreæ et Annæ ibidem. . . . .   VII.

(B) Mons, en Lyonnais, à 7 kil. N. E. de Vienne.

---

archevêques et quantité d'inscriptions (CHORIER, p. 318). Paroisse à la nomination du chapitre de Saint-Pierre.

16. **Église de Saint-Laurent**, paroisse des cloîtres de Saint-Maurice sous la juridiction du chapitre. Ruinée par les protestants, elle fut unie à Saint-Ferréol. Les Pénitents y eurent une chapelle.

17. **Église de Saint-Martin**, bâtie par l'évêque saint Nizier. Ses successeurs y ajoutèrent un monastère où vivaient saintement 150 moines sous l'évêque Cadéolde (CHORIER, p. 479). Dès 1113, il appartenait comme prieuré à l'ordre de Saint-Ruf, qui le tira de ses ruines.

18. **Église de Saint-Pierre-entre-Juifs.** Le territoire environnant, où les Juifs étaient nombreux au Xe siècle, portait le nom de *Burgum Hebræorum*. La paroisse fut transférée à Saint-André-le-Bas, dont elle dépendait.

19. **Église collégiale et paroissiale de Saint-Sévère.** Elle en remplaça une autre bâtie au Ve siècle par ce prêtre indien sur les ruines du Panthéon viennois et dédiée à saint Etienne. Cette collégiale avait été composée de 60 ecclésiastiques. La perte de ses biens les fit réduire, en 1639, à quatre chanoines, y compris le curé, sous le titre de recteur, à la nomination de l'archevêque.

20. **Églises de Saint-Jean, de Saint-Paul et de Saint-Vincent**, depuis longtemps ruinées.

21. **Prieuré de Saint-Blaise**, dépendant de celui de Saint-Martin (N.º 17), et par conséquent de l'ordre de Saint-Ruf. L'église n'était pas entièrement ruinée en 1566.

22. **Prieuré de Notre-Dame de l'Isle**, fondé pour des religieux de l'ordre de Saint-Ruf par Gaultier de Balbière, sous l'archevêque Etienne ; il fut donné plus tard aux Jésuites (CHORIER, p. 353).

23. **Commanderie de Saint-Antoine**, de l'ordre de ce nom. Le commandeur avait le titre de recteur de la chapelle de Saint-Barthélemy, car l'église était sous le vocable de cet apôtre (CHORIER, p. 9 et 13).

24. **Commanderie de Saint-Romain en Galles**, de l'ordre de Malte ; en Lyonnais, suburbe de Vienne. L'église paroissiale, sous le patronage du commandeur, aurait été fondée par l'archevêque saint Barnard,

18. Ecclesia Sancti Laurentii Viennæ (16) . . . .   III.

19. Ecclesia Sancti Ferreoli Viennæ (14) . . . .   VII.

20. Capella b. Mariæ Magdalenæ ibidem . . . .   VII.

21. Capella Sti Joannis Baptistæ in ecclesia S. Petri inter Judæos Viennæ, cum annexis (cf. *supra* N.o 14) . . .   XX.

22. Capella supra pontem Rhodani (39 *in fine*) . . . . .   XX.

qui y déposa les saints martyrs Exupère, Séverin et Félicien, transportés ensuite à Romans (CHORIER, p. 159).

COUVENTS D'HOMMES.

25. **Augustins déchaussés** (puis **réformés**), fondés en 1644 par la dame Visignieux, sous le gouvernement d'un prieur.

26. **Capucins**, établis en 1601 par l'archevêque Jérôme de Villars, sur l'emplacement de l'ancien palais des empereurs (CHORIER, p. 463); gardien ou définiteur.

27. **Grands-Carmes**, fondés le 3 oct. 1394 par noble Pierre Rivail, seigneur de Lieu-Dieu. (Voir *Aymar dv Rivail et sa famille*, par M. GIRAUD, p. 7, et CHORIER p. 410). — Les *Grands-Carmes* de Pinet, près de Vienne, leur furent réunis.

28. **Cordeliers**, établis à Vienne en 1212 (FODERÉ), puis transférés à Sainte-Colombe en 1260 par l'archevêque Jean de Bernin, qui leur fit construire un monastère. Observantins jusqu'en 1772 et depuis lors Conventuels (CHORIER, p. 359 et 121).

29. **Dominicains**, frères prêcheurs dits *Jacobins*. Leur couvent fut fondé en vertu d'une bulle de Clément VII de 1383. Ils avaient une chaire de théologie et plusieurs anciens monuments dans leur église (CHORIER, p. 49; G. ALLARD, II, 765).

30. **Jésuites**. Ils avaient un collége depuis 1605, en vertu des lettres patentes d'Henri IV du 28 févr. 1604 (CHORIER, p. 454-63).

31. **Minimes**, établis en 1633 dans une maison de la famille de Poisieux (CHORIER, p. 333; COLLOMBET, t. III, p. 283.)

COUVENTS DE FEMMES.

32. **Bernardines**, ou religieuses de *Saint-Bernard*, fondées en 1631 par Louise-Marie de Pasquier (CHORIER, p. 472).

33-4. **Bleues-Célestes**, ou religieuses de l'*Annonciation*. Fondées de 1644 à 1646 et confirmées par lettres patentes en 1750. (Voir sur cet ordre, CHORIER, p. 413.)

23. Capella domus archiepiscopalis (1) . . . . XXX.

24. Prioratus Insulæ subtus Viennam (22). . . . . . . IIᶜ.

25. Capella beati Andreæ in ecclesia S. Andreæ Monialium (cf. 7). . . . . I.

34. **Sainte-Marie** ou religieuses de la *Visitation*, à Sainte-Colombe (CHORIER, p. 142).

35. **Sainte-Ursule.** Établies en 1615 par Huguette de Mallemort, veuve de Julien de Lusse, sieur du Puy; la fondation fut confirmée par la ville en 1622.

36. **Sœurs de la Congrégation de Saint-Joseph**, établies en 1668.

37. **Sœurs de la Miséricorde**, fondées en 1680.

38. Il y avait aux environs de Vienne en 1290 et 1302 trois *mala-dreries* pour les lépreux : une auprès de Seissuel, l'autre sur le Mont-Rosier et la troisième hors de la porte de Pipet (CHORIER, p. 438).

39. Parmi les établissements hospitaliers; nous remarquons la maison fondée pour les pestiférés en 1495 sous le nom des *Espies*, qui s'appela en 1510 *hôpital des pauvres infects;* — l'hôpital joignant la porte de la *Fusterie*, sous la direction des chanoines réguliers du prieuré de Saint-Martin (N.º 17); — l'hôpital de *Notre-Dame* institué par Pétronille Pellier et érigé par l'archevêque Briand de Lagnieu en 1314, fut nommé depuis de *Sainte-Catherine;* — l'hôpital de *Notre-Dame de Fuissin*, dont Jean de Seissuel était recteur en 1330; — l'hôpital de *Saint-Antoine*, dépendant de la commanderie de ce nom (N.º 23); — l'hôpital de *Saint-Jacques*, renversé en 1562 ; — l'hôpital et l'église de *Saint-Paul*, dont une partie devint la *Maison de Charité*, établie en 1645 avec les libéralités de Marguerite de Suze; — l'hôpital du *Pont-du-Rhône*, dont l'épitaphe de Jean de Bernin attribue la fondation à cet archevêque. — En dernier lieu, la charité était principalement exercée par le *Grand Hôtel-Dieu*, dont les recteurs, au nombre de dix, avaient l'archevêque pour président; des sœurs servaient les malades.

40. **Séminaire archiépiscopal**, établi en 1675 par l'archevêque de Vienne, Henri de Villars ; il était sous la direction des prêtres de l'Oratoire.

41. **Collége royal.** Un bureau présidé par l'archevêque en réglait l'administration politique et économique ; tout l'enseignement était gratuit.

POUILLÉ

DU DIOCÈSE DE VIENNE.

(Suite).

IN ARCHIPRESBITERATIBUS ANNONIACI ET QUINTENASII (C).

26. Prior et Collegium beatæ Mariæ Annoniaci, comprehensis officiis et dignitatibus ejusdem (44) . . . . . IIᶜ LX.
27. Prior Charuasii (D). . . . . L.

(C) Ces deux archiprêtrés comprennent tout ce qui appartenait au diocèse de Vienne hors du Dauphiné, et correspondent à ceux d'Annonay, de Saint-Félicien, de Bourg-Argental et de Condrieu, dans le pouillé de 1790.

(D) Charnas, en Vivarais, dédié à Saint Étienne.

ARCHIPRÊTRÉ D'ANNONAY.

Il était situé en Vivarais; vingt-deux cures en dépendaient.

NOMS DES PAROISSES.	VOCABLES.	PATRONS.
43. Andance (e).	Notre-Dame.	Le prieur du lieu.
44. Annonay (f).	Idem.	Idem. (g)

(e) Avait un prieuré uni au collège de Tournon.

(f) Capitale du Vivarais, était desservie par deux curés et posséda deux commanderies, l'une sous le titre de Saint-Antoine, l'autre sous celui de Saint-Georges.

(g) Les curés, au nombre de 177, où il n'est pas fait mention du patron, étaient à la nomination de l'archevêque de Vienne, sans alternative, ni concurrence (Almanach de Dauphiné).

28. Prior Quintenasii (53). . . . . II^c.

29. Prior de Vion (86). . . . . C.

30. Prior Sancti Salvatoris (101) . . . . VI^c.

31. Prior de Veyrines (91 et 100, *patr.*). . . . . LX.

32. Prior Herasii (69). . . . . XXX.

33. Prior de Sarras (84) . . . . L.

34. Prior de Exclassano (72). . . . . LX.

35. Prioratus Perlongii et Columberii (71). . . . . CXX.

36. Præceptoria Sancti Antonii Annoniaci (44 *f.*) . . . . XL.

37. Prioratus Arlobosci (68) . . . . LXXX.

38. Prioratus Palchiaresii (77) . . . . XXXV.

39. Prioratus Empiconie (67). . . . . L.

40. Capitulum Turnonis (E) pro capellis SS. Joannis et
     Stephani de Musoles . . . . L.

41. Prior Andaciæ (43). . . . . II^c XL.

42. Membrum ejusdem de Preaux (79), quod tenet R. D.
     Carolus de Turnone . . . . LX.

43. Prior Peyraudi (52). . . . . XL.

44. Prior de Lumonii (114). . . . . XXXVI.

45. Prior Sancti Cirici (58) . . . . XXX.

(E) Tournon, en Vivarais, au diocèse de Valence.

NOMS DES PAROISSES.	VOCABLES.	PATRONS.
45. Ardoix.	Saint Didier.	
46. Bogy (*al.* Bogi).	Saint Blaise.	
47. Boulieu.	Saint Martin.	
48. Champagne.	Saint Pierre.	
49. Davelieu (*al.* Davé-zieu).	Sainte Marguerite.	
50. Félines.	Notre-Dame.	
51. Péaugre.	Saint Martin.	
52. Peyraud.	*Idem.*	L'archiprêtre de Vienne.
53. Quintenas.	Saint Pierre.	
54. Roissieu.	Saint Martin.	
55. Serrières.	Saint Saturnin.	Le prieur du lieu.
56. Saint-Alban-d'Aï.	L'archev. et la cathédrale de Vienne alternativ.^t	

46. Prior de Chavanay (110) . . . . LXXX.
47. Prior Roysiaci (120). . . . . LX.
48. Prior de Trachino . . . . XXX.
49. Sacristia ejusdem. . . . . V.
50. Ecclesia de Malins . . . . XV.
51. Prioratus Sancti Saturnini Siriere (55). . . . . . . II^c XX.
52. Capellæ de Satiliaco (95) et de Mahuno (102). . . . X.
53. Ecclesia de Plas (78) . . . . XXX.
54. Ecclesia Columberii Veteris (71). . . . . LV.
55. Ecclesia Arlobosci (68). . . . . X.
56. Vicaria ejusdem . . . . IIII.
57. Ecclesia de Empironne (67) . . . . , . . XXV.
58. Capella Sanctæ Catharinæ de Rota ibidem. . . . . VI.
59. Ecclesia de Bosas (70) . . . . XII.
60. Ecclesia de Nozeris (76). . . . . LX.
61. Vicarius matutinalis ejusdem loci . . . . III.
62. Capella Sanctæ Crucis ibidem . . . . II.
63. Capella Sanctæ Catharinæ . . . . II.
64. Capella beatæ Mariæ ibidem . . . . II.
65. Capella SS. Petri et Claudii Palliaresii (77) . . . . . . VI.
66. Capella Sancti Antonii . . . . II.
67. Ecclesia de Fara (91) . . . . XX.

NOMS DES PAROISSES.	VOCABLES.	PATRONS.
57. Saint-Clair.		Le chap^{tre} de Chaumont.
58. Saint-Cyr (*al.* Cir).	Saint Cirice.	Le prieur de Taluyer, en Lyonnais.
59. Saint-Désirat.	Saint Didier.	Le collége de Tournon.
60. St-Jame-d'Artizieu.	Saint Jacques.	
61. St-Julien-en-Goi.		La cathéd.^{le} de Vienne.
62. Talancieu.	Saint Julien.	Le collége de Tournon.
63. Torenc.	Sainte Croix.	L'archevêque de Vienne, le collége de Tournon et le prieur d'Andance alternativement.
64. Vernosc.	Saint Grégoire.	Le prieur d'Annonay.
65. Ville-Vocance.	Saint Sulpice.	La cathédrale de Vienne.

66. *Annexes* : Saint-Etienne-de-Valour, succursale d'Andance ; — Savas,
de Saint-Julien-en-Goi ; — Toisieu, de Ville-Vocance.

68. Ecclesia de Olevesco . . . . XX.
69. Ecclesia Sancti Petri de Machaberon (100) . . . . XV.
70. Capella Sancti Jacobi ibidem . . . . V.
71. Ecclesia Sancti Feliciani (80) et Valis veteris (*Vaux?*) LX.
72. Vicaria ejusdem . . . . III.
73. Alius vicarius ejusdem et Valis veteris. . . . . III.
74. Capella Dominæ Nostræ ibidem . . . . VI.
75. Capella Sancti Spiritus Valis Veteris. . . . . III.
76. Ecclesia Sancti Victoris (83) . . . . XXV.
77. Vicaria ejusdem . . . . VIII.
78. Capella de Trosas. . . . . II.
79. Capella Sancti Antonii ibidem . . . . II.
80. Capella beatæ Mariæ Magdalenæ. . . . . II.
81. Ecclesia de Stabulis (73) . . . . XX.
82. Capella Sancti Stephani ibidem. . . . . V.
83. Vicaria ejusdem . . . . VIII.
84. Capella beatæ Margaritæ ejusdem . . . . II.
85. Ecclesia de Lento (74) . . . . XX.
86. Ecclesia de Vion (86). . . . . XV.
87. Capella Sancti Michaelis ibidem . . . . II.
88. Sacristia de Vion . . . . VI.

ARCHIPRÊTRÉ DE SAINT-FÉLICIEN.

Il était situé en Vivarais ; dix-neuf cures en dépendaient.

NOMS DES PAROISSES.	VOCABLES.	PATRONS.
67. Ampuragny.	SS. Michel et Laurent.	Le prieur du lieu.
68. Arlebosc.	Notre-Dame.	Le chapitre du Puy.
69. Arras (*al.* Aras).	Saint Clair.	
70. Bozias (*al.* Bozas).	Saint Pierre.	L'abbé de Cluny, diocèse de Mâcon.
71. Colombier-le-Vieux.	Saint Martin.	Minimes de Roussillon.
72. Eclassan.	Saint Maurice.	Le prieur du lieu.
73. Etable.	St Martin et St Loup.	Le prieur de Vion.
74. Lemps.	Saint Blaise.	Le chapitre de Romans.
75. Mauves.	Saint Martin.	L'abbé de Cluny.

89. Capella Sancti Vincentii . . . . IIII.
90. Capella Sancti Antonii ibidem . . . . II.
91. Capella Dominæ Nostræ ibidem . . . . X.
92. Capella Sanctæ Crucis ibidem . . . . III.
93. Capella beatæ Mariæ Magdalenæ ibidem . . . . V.
94. Ecclesia de Heras (69) . . . . VI.
95. Capella beatæ (Mariæ) Pietatis ibidem. . . . . . . III.
96. Ecclesia de Serrano (84) . . . . XV.
97. Capella Sanctæ Crucis . . . . III.
98. Ecclesia Sancti Genei (81) . . . . VI.
99. Ecclesia Sacherassii (85). . . . . XVIII.
100. Ecclesia Classini (72) et Anezonis. . . . . XX.
101. Vicaria Sancti Genei. . . . . V.
102. Capella beati Joannis . . . . V.
103. Ecclesia de Preaux (79) . . . . XVI.
104. Vicarius ejusdem . . . . VI.
105. Capella Dominæ Nostræ ibidem. . . . . XXX.
106. Capella Sancti Joannis in ecclesia S. Joannis . . . . XXX.
107. Ecclesia d'Ardois (45) et de Oriolo (F) . . . . X.
108. Ecclesia Quintenasii (83). . . . . XII.

(F) Oyeu, vocable Saint Pierre, patron le prieur du lieu.

NOMS DES PAROISSES.	VOCABLES.	PATRONS.
76. Nozière (al. Nonière).	Assomption. St Clair.	
77. Paillaret.	Nativ. de la Ste Vierge.	Le prieur d'Ampuragny.
78. Plats.	Notre-Dame.	L'abbé de Cluny.
79. Préaux.	Saint Didier.	Le collége de Tournon.
80. Saint-Félicien.		Le chapitre de Romans.
81. Saint-Jeure.	Saint Georges.	
82. Saint-Romain-d'Aï.	Idem.	
83. Saint-Victor.		Le chapitre de Romans.
84. Sarras.	Saint Nizier.	
85. Secheras.	Saint Didier.	Le doyen de Saint-Pierre et Saint-Chef.
86. Vion.	Saint Martin.	Le prieur du lieu.
87. Annexes : Glun, succursale de Mauve.		

109. Capella beatæ Annæ Boliaci (47) . . . . III.
110. Ecclesia Sancti Romani d'Ays (82). . . . . XVI.
111. Ecclesia Sancti Albani d'Ays (56) . . . . X.
112. Vicaria ejusdem. . . . . , . . III.
113. Capella beatæ Mariæ ibidem . . . . XXX.
114. Ecclesia Sattilliaci (95) . . . . XXV.
115. Capella beat. Petri et Catharinæ . . . . VI.
116. Ecclesia Sancti Simphoriani (102) . . . . XL.
117. Vicaria ejusdem. . . . . IIII.
118. Ecclesia de Ruffiaco (54) . . . . XX.
119. Ecclesia Sancti Juliani in Valli Francia (97) . . . . XL.
120. Ecclesia Veræ Crucis in Valli Francia (103) . . . XXXV.
121. Vicarius ejusdem . . . . V.
122. Ecclesia Villæ in Valli Francia (65). . . . . XII.
123. Capella Sanctæ Crucis ibidem. . . . . V.
124. Ecclesia de Monasterio (93) . . . . XX.
125. Rector capellæ beat. Sebastiani et Catharinæ. . . . IIII.
126. Ecclesia de Vanosco (104) . . . . LX.
127. Capella Sancti Spiritus . . . . II.
128. Capella SS. Petri et Jacobi de Poullis Vallis Aure . II.
129. Ecclesia Burgdigniaci (90) . . . . LX.
130. Capella Sancti Spiritus ibidem . . . . II.
131. Ecclesia Sancti Salvatoris in Rua (101) . . . . XV.

ARCHIPRÊTRÉ DE BOURG-ARGENTAL (h).

Il était situé dans le Forez; dix-sept cures en dépendaient.

NOMS DES PAROISSES.	VOCABLES.	PATRONS.
88. Argental.	S. Didier (al. St Georges).	Le collége de Tournon.
89. Bourg-Argental.	Notre-Dame.	Le 1er curé à la nomination alternative de l'archevêque et de la cathédrale; le 2e à celle du collége de Tournon, prieur de Saint-Sauveur.

(h) Cet archiprêtré et le suivant ont été complétés avec la *liste des paroisses, annexes et succursales du diocèse de Vienne*, insérée par M. A. Bernard, p. 1038 de son *Cartulaire de Savigny et d'Ainay*; Paris, imp. impér., 1853, in-4e.

132. Sacristia ejusdem . . . . VI.
133. Ecclesia Sancti Antonii ibidem . . . . IIII.
134. Capella beatæ Mariæ ibidem . . . . II.
135. Capella beatæ Catharinæ ibidem. . . . . II.
136. Ecclesia Argetani (88). . . . . XXX.
137. Primus capellanus Burgi Argetani (89) . . . . . . L.
138. Secundus capellanus ejusdem . . . . L.
139. Capella Sancti Petri ejusdem. . . . . IIII.
140. Capella Sanctæ Annæ ibidem. . . . . VIII.
141. Capella b. Joannis Baptistæ ibidem. . . . . III.
142. Capella Sancti Sebastiani. . . . . III.
143. Ecclesia Sancti Marcelli (99) . . . . X.
144. Ecclesia Boliaci (47). . . . . X.
145. Capella Domini Nostri ibidem. . . . . IIII.
146. Capella alterius Domini Nostri . . . . II.
147. Ecclesia Sancti Clari (57) . . . . XX.
148. Ecclesia Bornosci (64) . . . . IX.
149. Ecclesia Talennacii (62). . . . . XV.
150. Ecclesia Torenchii (63) . . . . XX.
151. Capella Sanctæ Crucis ibidem. . . . . IIII.
152. Ecclesia Andanciæ (43) et S. Stephani de Voloux (66) XX.
153. Sacristia Andanciæ . . . . XX.
154. Ecclesia Sancti Desiderati (59) . . . . XII.
155. Ecclesia Campagniæ (48). . . . . XXX.

NOMS DES PAROISSES.	VOCABLES.	PATRONS.
90. Burdignes.	Saint Martin.	La cathédrale de Vienne.
91. La Fare.	Saint Julien.	Le collége du Puy, prieur de Vérine.
92. La Louvesc.	Notre-Dame.	Idem.
93. Le Monestier.	Saint Roch.	Le seigneur du lieu.
94. Rutianges (ou la Versanne).	Notre-Dame. St Didier.	Le collége de Tournon.
95. Satillieu.	Saint Priest.	La cathédrale de Vienne.
96. Saint-Apollinard.	Saint Apollinaire.	Le collége de Tournon.
97. St-Julien-de-Vocance.		La cathédrale de Vienne.
98. St-Julien-Molin-Molette.		Le collége de Tournon.

156. Capella Sanctæ Crucis. . . . . III.
157. Ecclesia Peyraudi (52) . . . . X.
158. Ecclesia Sancti Saturnini Seriere (55). . . . . . . XX.
159. Capella Sancti Sebastiani ibidem. . . . . VI.
160. Capella SS. Petri et Joannis ibidem. . . . . X.
161. Missa ibidem fundata. . . . . II.
162. Ecclesia de Poologo (51?) . . . . XX.
163. Ecclesia Sancti Cirici (58) . . . . X.
164. Capella B. Mariæ Pietatis. . . . . III.
165. Ecclesia de Bogno (46). . . . . III.
166. Ecclesia Sancti Juliani en Goy (61). . . . . III.
167. Ecclesia Felinati (50). . . . . LXX.
168. Ecclesia Charuasii (cf. N.º 27) et Venzian (124). . . XV.
169. Capella B. Mariæ ibidem. . . . . III.
170. Ecclesia Lymoniaci (114) . . . . XV.
171. Ecclesia de Bœufs (122). . . . . V.
172. Ecclesia Sancti Jacobi Actiaci (60) . . . . XV.
173. Ecclesia Sancti Apollinaris (96) . . . . LX.
174. Capella Sancti Sebastiani ibidem. . . . . X.
175. Ecclesia de Verrua (105?) . . . . XX.
176. Ecclesia S. Juliani Molini Molete (98). . . . . . . LXXV.
177. Capella B. Annæ ibidem. . . . . XXX.
178. Capella B. Catharinæ. . . . . XXX.

NOMS DES PAROISSES.	VOCABLES.	PATRONS.
99. Saint-Marcel.		La cathédrale de Vienne.
100. Saint-Pierre-des-Macchabées.		Collége du Puy, prieur de Vienne (Vérine?).
101. Saint-Sauveur-en-Rue (*al.* en-Niée, *al.* le-Versin).		Le collége de Tournon.
102. St-Symphorien-de-Mahums (*al.* Mahuns).		La cathédrale de Vienne, prieur.
103. Ste-Croix-de-Vocance.		Le collége de Tournon.
104. Vanosc.	Notre-Dame.	*Idem.*
105. Veranne (*al.* Vérance).	Saint Maurice.	Chapit. St-André-le-Bas.

106. *Annexes* : Saint-Pierre-en-Colombaret *ou* Colombier, de Saint-Julien-Molin-Molette.

179. Ecclesia de Ruysics (120) . . . . XX.
180. Ecclesia de Marlas (117). . . . . XX.
181. Ecclesia de Malevalis (118) . . . . X.
182. Rector Sancti Hilarii . . . . II.
183. Capella Sancti Joannis ibidem. . . . . XXX.
184. Ecclesia Chavanay (110) . . . . IX.
185. Capella Sanctæ Crucis. . . . . III.
186. Ecclesia de Chuyes (111). . . . . XXV.
187. Ecclesia Pellusini (119). . . . . XX.
188. Capella S. Georgii pro domino dictæ Borboni. . . XII.
189. Capella seu commissio Missarum Antonii de Cham-
        palier. . . . . VI.
190. Alia capella ibidem. . . . . IIII.
191. Alia commissio Missarum pro Antonio Boyonis. . . IIII.
192. Ecclesia S. Michaelis supra Condriacum (121). . . XXV.
193. Ecclesia parrochialis Condriaci (112). . . . . . . XXX.
194. Capella Beati Nicolai ibidem. . . . . IIII.
195. Capella Beati Laurentii ibidem. . . . . IIII.
196. Ecclesia Amputay (107) . . . . XVI.
197. Capella B. Jacobi in ecclesia Condriaci. . . . . . IIII.
198. Capella SS. Petri et Pauli. . . . . IIII.

ARCHIPRÊTRÉ DE CONDRIEU.

Il était situé en Lyonnais; seize cures en dépendaient.

NOMS DES PAROISSES.	VOCABLES.	PATRONS.
107. Ampuis.	Saint Baudille.	L'abbé de Saint-Pierre.
108. Besseys (al. Bessé).	Saint Jean.	Le prieur de Roysey.
109. Chanas.	Saint Laurent.	Le collége de Vienne.
110. Chavanay.	Saint Jean-Baptiste.	L'abbé commendataire d'Ainay, à Lyon.
111. Chuyer (al. Chuyes).	Saint Julien.	La cathédrale de Vienne.
112. Condrieu.	Saint Etienne.	Le chapitre de Lyon.
113. Les Hayes (al. Haies).	Saint Laurent.	L'abbé de Saint-Pierre de Vienne.
114. Limony.	Saint Jean-Baptiste.	Chapitre de St-Claude.
115. Loire.	Notre-Dame.	Le prieur de Talluyer.

3

199. Capella Beatorum Antonii et Blasii. . . . . IIII.
200. Capella Beatæ Margaritæ. . . . . II.
201. Capella Sancti Georgii. . . . . V.
202. Capella Beatæ Mariæ . . . . II.
203. Capella Beatæ Catharinæ. . . . . IIII.
204. Capella Sancti Joannis. . . . . VI.
205. Ecclesia Tuppini (125 d) . . . . XXX.
206. Ecclesia Loyrie (115). . . . . XXXIII.
207. Ecclesia de Hays (113) . . . . XXV.
208. Capella S. Jacobi in ecclesia Palharesii (77) . . . . II.
209. Capella S. Catharinæ in ecclesia Burgi Argetani (89) II.
210. Capella Sanctæ Crucis in ecclesia S. Clari (57). . . I.
211. Ecclesia Danesiaci. . . . . II.
212. Capella S. Sebastiani in ecclesia Condriaci (cf. 193) IIII.
213. Ecclesia Sanctæ Columbæ (12) . . . . VI.
214. Præceptoria Sancti Romani en Gales (24) . . . . . LX.
215. Præceptoria Sancti Georgii Annoniaci (44 f.) . . . LXXX.
216. Præceptoria Poulis du Lys Turnonis . . . . LX.

NOMS DES PAROISSES.	VOCABLES.	PATRONS.
116. Lupé (al. Luppé).	L'Assomption. St Panta-	Le seigneur du lieu.
	léon et Ste Blandine.	
117. Maclas.	St Romain et St Clair.	Chap.tre St-André-le-Bas.
118. Malleval.	Notre-Dame. St André.	L'abbé de Saint-Pierre.
119. Pelussin.	Idem.	
120. Roysey (al Roizé).	Saint Pancrace.	Le prieur du lieu.
121. S-Michel-sous-Condrieu.		
122. S-Pierre-de-Bœuf.		L'abbé de Saint-Pierre.
123. Semons.	Notre-Dame. St Julien.	Chapitre de St-Pierre.
124. Vinzieu.	Saint Pierre.	

125. *Annexes :* Roche, succursale de Condrieu : Saint Nicolas. — Sainte-Marguerite-de-la-Chapelle, succurs. des Hayes. — Tupin, ann. de Semons : Saint-Julien.

POUILLÉ

DU DIOCÈSE DE VIENNE.

(Suite).

IN ARCHIPRESBITERATU DE ROMANIS (G).

217. Ecclesia de Romanis cum membris ejusdem (126-7).　II m.
218. Ecclesia de Marsas (145) . . . . XXX.
219. Ecclesia Cleriaci (141) . . . . XXV.

(G) Cet archiprêtré a pour correspondants, dans le Pouillé de 1790, ceux de Romans, de Saint-Marcellin et de Saint-Vallier (partie).

ARCHIPRÊTRÉ DE ROMANS.

En Dauphiné, ainsi que les suivants ; 27 cures en dépendaient.
Titulaire : le curé de Saint-Donat.

126. **Collégiale de Saint-Barnard**, à Romans. — Fondée sous le titre d'abbaye vers l'an 837 par saint Barnard, archevêque de Vienne, elle fut sécularisée au Xe siècle (GIRAUD, *Essai histor.*, Ire part., et *Bulletin*, p. 243). Abbé : Mgr. l'archevêque de Vienne, en vertu de la réunion de l'abbaye à l'archevêché opérée à la même époque. Le chapitre se composait, d'après les statuts de 1472, de quinze chanoines, parmi lesquels le sacristain qui en était le chef, le maître de chœur, le précenteur, le clavier, etc. Il y avait, en outre, une douzaine de prêtres habitués, 7 ou 8 grands clercs ou enfants de chœur, un organiste, un notaire-secrétaire du chapitre et un pour les collégiés. En 1789, les revenus libres des prébendes canoniales s'élevaient à 22,904 liv. — Conformément à la transaction du 19 mai 1553, Romans devait avoir une officialité.

220. Ecclesia de Charmes (140) . . . . XV.
221. Ecclesia Sancti Mauricii (156) . . . . VIII.
222. Ecclesia de Monte Camillo (157?) . . . . XXX.

127. **Paroisses** de Romans : *Saint-Barnard, Saint-Nicolas* et *Saint-Romain.*

128. **Couvent de Capucins**, fondé par les habitants de Romans en 1609, et leur établissement confirmé par lettres patentes de 1610 : gardien et professeur des novices.

129. **Cordeliers**, établis le 12 juin 1252 par Aimard et Guillaume de Poitiers, de la famille de Saint-Vallier. Leur couvent et leur église furent ruinés par les Huguenots en 1562 et 1567.

130. **Récollets.** — Romanet Boffin fit élever un *Calvaire* en 1515 : l'église et le monastère furent fondés le 15 mars 1517; les calvinistes détruisirent le couvent en 1548 et le calvaire en 1562. Félicien Boffin, seigneur d'Argenson, rétablit l'un et l'autre en 1583 et appela des Pères de l'*Observance.*

131. **Saint-Just**, abbaye royale de l'ordre de Cîteaux, fondée dans la paroisse de Saint-Just-de-Claix, en Royans, le 25 octobre 1349, par le dauphin Humbert II, en faveur de Béatrix de Hongrie, sa mère, qui s'y fit religieuse et y mourut en 1354. Cette abbaye fut détruite par les protestants en 1563, et transférée à Romans le 22 juin 1600.

132. **Sainte-Claire**, religieuses fondées en 1618 par dame Anne de Costaing et M. Coste, baron de Charmes, son fils.

133. **Ursulines**, établies par Jeanne et Angèle Michel, dès 1605; elles furent cloîtrées le 22 avril 1635 par l'archevêque de Vienne, Pierre de Villars.

134. **Visitation de Sainte-Marie.** — La fondation de ce couvent est due à M. de Claveyson, gouverneur de Romans, et à dame Renée du Peloux, sa mère; le 18 juin 1632 François de Gaste et Isabeau Lyvat, sa femme, lui donnèrent la maison du *Retour* ou des *Chevalières.*

135. **Hôpitaux :** — de *Sainte-Foy* ou *Hôtel-Dieu*, fondé par le Chapitre au XIe siècle; — *Général*, établi par lettres patentes de 1736; — de la *Charité*, ordre de Saint-Jean-de-Dieu, fondé en 1649; — le *Refuge* ou les *Repenties*, dont la maison fut donnée en 1700. (Voir *Essais historiques sur les hôpitaux et les institutions charitables de la ville de Romans*, et *Bulletin*, p. 116-7).

136. **Collége** pour les humanités, dont le régent était à la nomination et aux appointements du Chapitre.

223. Capella Beatæ Mariæ ibidem . . . . VIII.
224. Capella Sancti Mauricii ibidem. . . . . VI.
225. Ecclesia Sancti Christofori du Bosco (187) . . . . . XX.
226. Ecclesia Montis Rigaudi (176) . . . . XVIII.
227. Ecclesia sancti Juliani Montis Sapiensie (192) . . . X.
228. Ecclesia Tresanæ (159) et Trigniaci (392) . . . . . VI.
229. Ecclesia Sancti Martini d'Aoust (162). . . . . . . XX.
230. Ecclesia Sancti Badulphi (153). . . . . XX.
231. Ecclesia de Chareys (170) et sancti Honorati (204 a). XI.
232. Ecclesia Sancti Aniti (*pour* Aviti, 152). . . . . . XV.
233. Ecclesia de Rateris (150). . . . . VIII.
234. Prioratus de Baternay (138) . . . . XXIII.
235. Ecclesia dicti loci. . . . . XII.
236. Ecclesia de Claveysons (209) . . . . XIIII.

NOMS DES PAROISSES.	VOCABLES.	PATRONS.
137. Artemonay.	Saint Marcellin.	Le collége de Tournon.
138. Baternay.	Saint Étienne.	Le prieur du lieu.
139. Châlon.	Saint Christophe.	Le collége de Tournon.
140. Charmes (*al.* Chalmes).	Saint Alban (*al.* Saint Sébastien.)	Le prieur de St-Donat.
141. Clérieux (*al.* Cleyrieu).	Sainte Catherine, Saint Jean.	Le chapitre de Romans.
142. Genissieux.	Saint Pierre.	*Idem.*
143. Geyssans (*al.* Geyssen).	Saint Martin.	*Idem.*
144. Gillans (*al.* Gillons).	Saint Théobald.	
145. Marsas.	Saint Didier et St Blaise.	Le prieur de St-Donat.
146. Mont-de-Verou.	Saint Antoine.	*Idem.*
147. Mours.	Notre-Dame.	Le chapitre de Romans.
148. Parnans.	Saint Énoch.	Les bénédictins de Montmajour-lès-Arles.
149. Peyrins.	Saint Martin.	Le chapitre de Romans.
150. Ratières (*al.* Ratiere).	Notre-Dame.	Le prieur de St-Donat.
151. Saint-Ange.		Le chapitre de Romans.
152. Saint-Avit.	Saint Avit et Ste Agathe.	Le prieur de Mantoz.

237. Prioratus de Chantemerle (219) . . . . XXX.

238. Ecclesia (de) Chantemerle (*ib.*) . . . . XVIII.

239. Prioratus Sancti Clementis (223). . . . . XXX.

240. Prioratus Humiliani (H) . . . . XL.

241. Ecclesia parrochialis ejusdem loci . . . . VIII.

242. Ecclesia de Crosis (211) . . . . X.

243. Ecclesia Ciniti (sic *pour* Tincti, 227). . . . . XX.

244. Prioratus Tincti (*ib.* pr.) cum prioratu Sancti Petri
de Rosans (224?) et prioratu de Malins . . . . III c.

245. Prioratus Mure (220). . . . . II c.

246. Abbatia Sancti Antonii in Viennensi (182). . . . . VII c.

(H) Prieuré d'*Humilian*, arrière-fief de la baronnie de Clérieu (Guy
ALLARD, *Diction.*, t. I, p. 296), ne figure pas sur la carte de Cassini.

NOMS DES PAROISSES.	VOCABLES.	PATRONS.
153. Saint-Bardoux.		Le chapitre de Saint-Pierre de Vienne.
154. Saint-Donat.	*Titul.* Saint Pierre.	Le prieur du lieu.

Anciennement *vicus Jovinciacus*, longtemps séjour des évêques de
Grenoble pendant l'occupation des Sarrasins. Le chapitre fut à l'origine composé de chanoines séculiers : l'évêque saint Hugues les rendit
réguliers en 1105 et les soumit à la prévôté d'Oulx. Objet de litige,
il fut cédé le 30 novembre 1289, par échange, à l'archevêque de
Vienne ; le prieuré de Chatte lui fut uni sous le cardinal de Saluces.

155. Saint-Jean-d'Octa-véon (*al.* Autavéon).		Le chapitre de Romans.
156. Saint-Maurice-de-Montintier (*al.* St-Murys).		
157. Saint-Michel-de-Montchenu.		L'archevêq. et le chap^tre de Vienne alternativ^t.
158. Saint-Paul-lès-Ro-Romans.		Le commandeur du lieu, ordre de Malte.
159. Tersanne (*al.* Tar-sane).	Saint Romain.	
160. Tournay.	Saint Didier.	Le chapitre de Romans.
161. Triols (Triors).	Saint Didier.	*Idem.*
162. *Annexes :* St-Martin d'Aouste (*al.* Aoust).		*Idem.*

247. Conventus ejusdem cum annexis. . . . . XIIᶜ.
248. Ecclesiæ de Hocasinæ Mure (220) et Gervand (214). IX.
249. Ecclesia de Serva (226). . . . . IIII.
250. Prioratus Sancti Evodi (148) . . . . LXII.
251. Ecclesia ejusdem loci. . . . . XV.
252. Prioratus de Dionay (191) . . . . LXX.
253. Ecclesia ejusdem loci (ib.) . . . . VI.
254. Ecclesia Veracieu (200) . . . . VIII.
255. Capella Sancti Joannis ibidem . . . . X.
256. Prioratus ejusdem loci (ib.) . . . . CXX.
257. Ecclesia Sancti Anderti (151?) . . . . C.
258. Prioratus Sancti Donati (154) et Chatte (171) . . . IIIᶜ.
259. Ecclesia Sancti Martini Dyonai (195 ou 201 b). . . VIII.
260. Ecclesia Sancti Donati (154) . . . . XII.
261. Sacristia Sancti Donati et alii officiarii. . . . . . XXV.
262. Ecclesia Miribelli (174). . . . . XXX.

ARCHIPRÊTRÉ DE SAINT-MARCELLIN.

32 cures en dépendaient ; titulaire : le curé de Saint-Véran.

163. **Paroisse** de Saint-Marcellin, desservie par quatre chanoines de Saint-Antoine, sous le patronage de l'ordre de Malte. Le chapitre, du même ordre, acquittait les anciennes fondations et remplissait au besoin les fonctions curiales.

164. **Grands-Carmes**, fondés à Saint-Marcellin vers le milieu du XVᵉ siècle par le vi-bailli N. Deagent, et leur établissement confirmé par lettres patentes de Louis XI en octobre 1473. Au XVIᵉ siècle, Guichard Deagent, de la même famille, fonda dans ce couvent un *collége* pour les humanités.

165. **Récollets**, fondés dans la même ville, en 1618, sous le vocable des Saints Anges, par Jean Duvache, seigneur de l'Albenc, président en la chambre des comptes de Dauphiné.

166. **Ursulines**, fondées en 1630, par Marie Petit.

167. **Visitation de Sainte Marie**, établie en 1645, à la prière des habitants de Saint-Marcellin, par la famille de Gaste (cf. 134).

168. **Hôpital**, dont les directeurs étaient le vi-bailli, le curé, le procureur du roi et le maire; trois ou quatre administrateurs, dont un recteur.

263. Ecclesia de Chanots (207)............ XXX.

264. Ecclesia Sancti Heulatarii (193) ....XXIIII.

265. Ecclesia Sancti Boneti Vallis Clareysie (185) .... XII.

266. Capella Sancti Georgii in ecclesia Chate (171)... III.

267. Capella B. Mariæ in ecclesia Sancti Heulatarii (193). V.

268. Ecclesia de Roybonne (180)............ XVII.

269. Capella Sanctæ Crucis .... I.

270. Capella Beatæ Annæ Chaste (171)......... IX.

271. Capella Sancti Joannis Evangelistæ .... X.

— bis. Capella Beati Martini ibidem........... X.

272. Sacristia Chatte (ib.)................ X-Xs.

NOMS DES PAROISSES.	VOCABLES.	PATRONS.
169. Bessins.	Saint Martin.	L'évêque de Grenoble, prieur.
170. Charais (al. Charraix).	Saint Pierre.	L'archevêque et la cathédrale de Vienne.
171. Châtc (al. Chatte).	Saint Vincent,	Le prieur du lieu (al. de Saint-Donat).
172. Chevrières.	St Pierre ès-liens (al. St Apollinaire).	Le prieur du lieu.
173. Crépol (al. Crespol).	Saint Étienne.	Le chapitre de Romans.
174. Miribel.	Saint Sevest.	Idem.
174 bis Marnans.	Saint-Pierre.	L'ordre de Malte.
175. Montfalcon.	Notre-Dame.	Idem.
176. Mont-Rigaud.	Saint Romain.	Le chapitre de Romans, l'ordre de Malte et l'abbé de St-Pierre.
177. Murinais.	Saint Pierre.	Le prieur de Chevrières, bénédictin de Montmajour-lès-Arles.
178. Notre-Dame-de-Montagne (al. Sainte-Marie de Carron).		L'abbé de Saint-Antoine.
179. Quincivet.	Notre-Dame.	
180. Roybon.	Saint Jean-Baptiste.	L'abbé de Saint-Antoine.

Quelquefois *Villeneuve-de-Roybon :* le dauphin Humbert Ier en jeta les fondements en 1294, et lui accorda pour priviléges quatre foires : à la Saint Jacques, à Saint Christophe, à SS. Simon et Jude et à SS. Sébastien et Barnabé.

273. Ecclesia Chate. . . . . XVIII.
274. Ecclesia Sancti Hilarii Saunæ (189) . . . . V.
275. Prioratus Saunæ (181). . . . . C.
276. Sacristia ejusdem loci. . . . . IIII.
277. Capella Sancti Michaelis Chate. . . . . X.
278. Ecclesia Crespolii (173). . . . . XV.
279. Ecclesia Saunæ (181). . . . . VI.
280. Ecclesia Sancti Pauli (158). . . . . XXV.
281. Ecclesia Jeyssani (143) . . . . XX.
282. Ecclesia Sancti Stephani de Montanea (188) . . . . XII.
283. Ecclesia Capriliarum (172) . . . . XII.
284. Capella Beatæ Catharinæ ibidem. . . . . I.
285. Ecclesia Sancti Marcellini (163) . . . . X.
286. Capella Sanct. Petri et Michaelis ibidem . . . . . . X.
287. Capella Sanctæ Crucis . . . . V·
288. Capella Sancti Joannis . . . . V.
289. Capella Sancti Antonii ibidem . . . . II.

NOMS DES PAROISSES.	VOCABLES.	PATRONS.
181. Saone (*al.* la Sône).	Saint Pierre.	Le prieur du lieu.

Le roi Boson l'avait restituée à l'église de Valence en 934. Le dauphin Guigues VIII y fonda un hôpital et une chapelle dédiée à la sainte Vierge, en 1333.

| 182. Saint-Antoine. | | L'ordre de Malte. |

Anciennement *la Motte-Saint-Didier :* Gaston, seigneur de la Valloire, y fonda, le 27 juin 1095, un hôpital pour soigner les malades atteints du *feu* de Saint Antoine, dont on honorait les reliques dans ce bourg; le pape Boniface VIII l'érigea en abbaye chef d'ordre par bulle du 10 juin 1297. (DASSY, *Essai hist. et descr.*, p. 494.)

183. Saint-Apollinard.	Saint Apollinaire.	L'évêque de Grenoble.
184. Saint-Bonnet-de-Chavanes.		Le prieur de la Saone.
185. St-Bonnet-de-Valcley- rieu (*ou* de Montrigaud).		Le chapitre de Romans.
186. Saint-Christophe-de-Montmirail.		*Idem.*
187. Saint-Christophe-du-Bois.		*Idem.*
188. Saint-Étienne-de-Montagne.		*Idem.*

290. Capella Dominæ Nostræ ibidem . . . . VI.
291. Ecclesia Murineysii (177) . . . . XV.
292. Capella Domini Nostri . . . . XII.
293. Capella B. Mariæ ibidem . . . . VII.
294. Ecclesia Sancti Verani (199) . . . . XXX.
295. Ecclesia Sancti Joannis Altabernis (155) . . . . . . LX.
296. Capella B. Mariæ ibidem . . . . IIII.
297. Ecclesia Sancti Christophori Montismirati (186) . . IX.
298. Ecclesia de Serand . . . . XII.
299. Ecclesia Sancti Michaelis Montismirati (197) . . . . XXX.
300. Ecclesia de Mours (147). . . . . XVI.
301. Prioratus de Gilone (144). . . . . XXX.
302. Capella domini Barralis. . . . . X.
303. Ecclesia Veaune (228) . . . . XX.
304. Ecclesia Genissiaci (142) . . . . IX.
305. Ecclesia Peyrini (149). . . . . XXIIII.

NOMS DES PAROISSES.	VOCABLES.	PATRONS.
189. Saint-Hilaire-de-la-Saone.		Le prieur du lieu.
190. St-Jean-le-Fromental.		
191. St-Julien-de-Dionay.		Le prieur du lieu.
192. St-Julien-de-Montsage.		Le chapitre de St-Pierre.
193. Saint-Latier.	Saint Eleuthère.	Le chapitre de Romans.
194. St-Martin-de-Montmirail.		*Idem.*
195. St-Martin-d'Onay.		*Idem.*
196. St-Martin-de-Vinay.		
197. St-Michel-de-Montmirail.		
198. Saint-Sauveur.		Le commandeur de St-Paul-lès-Romans, ordre de Malte.
199. Saint-Véran.		Le prieur de Varacieu.
200. Varacieu (*al.* Varassieu).	Saint Maurice.	Le prieur du lieu.

201. *Annexes :* Saint-Honorat-du-Poulet, de Charais; — Saint-Michel-de-Dionay; — Saint-Pierre-de-Villars, sous le patronage du prieur du lieu.

306. Capella B. Catharinæ ibidem . . . .   IX.

307. Prioratus Sancti Ruphi subtus Romanis (I) . . . .   XXX.

308. Ecclesia Sancti Martini Montismirati (194) . . . . .   XX.

309. Capella B. Mariæ ibidem . . . .   V.

310. Ecclesia Sancti Appollinaris (183) . . . .   X.

311. Capella B. Mariæ Magdalenæ. . . . .   V.

312. Capella B. Catharinæ in ecclesia Roybonis (180). .   VI.

(I) L'ordre de Saint-Ruf possédait à Romans, dès le XIIIe siècle, un prieuré situé *foris portam beati Nicholay de Romanis..... in carreria vulgariter apellata* el frares menors veucz (*fratrum minorum veterum*).

ARCHIPRÊTRÉ DE SAINT-VALLIER.

23 cures en dépendaient; titulaire : le curé de Tain.

202. Eglise paroissiale et collégiale de Saint-Vallier, longtemps desservie par un chapitre composé de douze chanoines de l'ordre de Saint-Ruf; ce nombre fut dans la suite réduit à huit, le curé compris, et, après l'extinction de cet ordre en 1779, fixé à cinq : le curé, trois vicaires et un chapelain.

203. Religieux du **Tiers-ordre** de Saint-François dits *Picpus*, fondés par Jean de La Croix de Chevrières, président au parlement de Dijon, le 30 janvier 1643.

204. Confrérie de **Pénitents** de la congrégation du Très-Saint Sacrement, avec église particulière.

205. Hôpital établi par lettres patentes, en 1696, et desservi par des Sœurs de Saint-Joseph, qui, outre le service des pauvres, instruisaient les jeunes personnes.

NOMS DES PAROISSES.	VOCABLES.	PATRONS.
206. Bren.	Saint Laurent.	Le collége de Tournon.
207. Chanos.	Saint Martin.	Le chapitre de Romans.
208. Chavanes.	Saint Préject.	*Idem.*
209. Claveyson.	Saint Véran.	Le prieur de la Motte-Galaure.
210. Creures (*al.* Creuzes).	Saint Pierre.	Le chapitre de Saint-Vallier.
211. Crozes (*al.* Crones).	Notre-Dame.	Le prieur d'Humilian.
212. Erome.	Saint Martin.	Le prieur de Notre-Dame de la Mure.

313. Ecclesia Tessini (169). . . . . IX.
314. Capella B. Catharinæ Sancti Donati (154) . . . . . V.
315. Prioratus Sancti Bartholomei (222) . . . . LXX.
316. Ecclesia ejusdem loci (ib.) . . . . X.
317. Ecclesia Sancti Boneti de Chavanes (184) . . . . . XXX.
318. Ecclesia de Triaux (161) . . . . XVIII.
319. Capella domini Roylieres. . . . . V.
320. Ecclesia de Brens (206). . . . . XII.
321. Ecclesia de Leyrins Sancti Clari . . . . XXIX.
322. Capella B. Annæ . . . . II.

NOMS DES PAROISSES.	VOCABLES.	PATRONS.
213. Fay.	Saint Honoré.	Le prieur de la Motte-Galaure.
214. Gervans.	Saint Cyrice.	Le prieur de Notre-Dame de la Mure.
215. Larnage.	Saint André.	Les Bénédictins de St-André-le-Bas.
216. Mercurol.	Sainte Anne.	Le prieur de St-Bardoux.
217. Monteux.	Saint Jean.	Le commandeur du lieu, ordre de Malte.
218. Motte-Galaure (la).	Sainte Agnès.	Le prieur du lieu.
219. Notre-Dame-de-Chantemerle.		Le chapitre du Puy.
220. Notre-Dame-de-la-Mure.		
221. Saint-Andéol.		
222. St-Barthélemy-de-Val.		Le prieur du lieu.
223. Saint-Clément.		Idem.
224. Saint-Pierre-des-Blés ou ès-liens.		
225. Saint-Uze.	Saint Eustache.	
226. Serve.	Saint Pierre.	Le prieur de la Mure.
227. Tain.	Notre-Dame.	Le prieur du lieu.

Le prieuré, de fondation très-ancienne, était de l'ordre de Cluny et dépendait de la rectorerie de Saint-Martial d'Avignon; Tain avait aussi un hôpital.

| 228. Veaunes. | Saint Etienne. | Le chapitre de Romans. |

228 bis. Annexes : Saint-Pierre de Marnas, de Chanos.

323. Capella abbatialis de Romanis (126) . . . . IIII.
324. Prior (de) Caprilis (172) . . . . C.
325. Sacristia Capriliarum. . . . . XX.
326. Capella Sancti Sebastiani in ecclesia Roybonis, sive
    Missa matutinalis (180) . . . . II.
327. Capella B. Blasii in ecclesia S. Petri de Vallano. . II.
328. Capella B. Annæ ibidem . . . . II.
329. Capella B. Mariæ et Sancti Laurentii in ecclesia
    Peyrini (351). . . . . II.
330. Capella Sancti Jacobi Cleriaci (141). . . . . III.
331. Rector capellæ Sancti Hyppoliti Crespolii (173). . V.
332. Ecclesia parrochialis S. Annæ Mercurioli (216) . . X.
333. Fratres Minores de Romanis (129). . . . . XL.
334. Fratres Carmelistæ Bellivisus in Royanis pro bonis
    quæ possident in locis Roybonis et Sancti Marcellini (J). IIII.
335. Præceptoria Sancti Pauli prope Romanis (158) . . XL.
336. Præceptoria Sancti Salvatoris est unita, ideo non
    exigit (198). . . . . »
337. Præceptoria de Montueux (217) . . . . »

(J) Le monastère des Carmélites de Beauvoir en Royans, diocèse de Grenoble, avait été fondé par le dauphin Humbert II (27 juin 1343).

POUILLÉ

DU DIOCÈSE DE VIENNE.

(Suite).

IN ARCHIPRESBITERATU TURRISPINI (K).

338. Ecclesia Castri Turrispini (246 *a*) . . . .   L.
339. Ecclesia Sancti Blasii (491 ?) . . . .   III.
340. Capella domini Gay. . . . .   II.
341. Ecclesia burgi Turrispini (245). . . . . LXXX.
342. Capella Beati Martini. . . . .   V.
343. Capella Beatæ Mariæ Hospitalis (245 *n*) . . . . . .   XIII.

(K) Cet archiprêtré a pour correspondants, dans le pouillé de 1790, ceux de la Tour-du-Pin, de Bourgoin et de Crémieu.

ARCHIPRÊTRÉ DE LA TOUR-DU-PIN.

Le curé du lieu était archiprêtre des 18 cures suivantes :

NOMS DES PAROISSES.	VOCABLES.	PATRONS.
229. Biol.	Saint Jean.	La cathédrale de Vienne.
230. Cessieu.	Saint Martin.	*Idem.*
231. Chapelle-de-la-Tour (la).	Notre-Dame.	Le chapitre de Saint-Pierre et Saint-Chef.
232. Châteauvilain.	Saint Martin.	L'abbaye de Bonnevaux.
232 *bis.* Courtenay.		
233. Éclose.	Saint Julien.	*Idem.*
234. Montagneu (*al.* Montagnieu).	SS. Pierre et Christophe.	La cathédrale de Vienne.

344. Alia capella ibidem de Bosco. . . . .   III.
345. Capella Beatorum Petri et Pauli . . . .   XX.
346. Capella Beatæ Mariæ in eodem altari . . . .   XX.
347. Capella SS. Dionisii et Blasii . . . .   VI.
348. Capella Sancti Francisci . . . .   V.
349. Capella Sancti Sebastiani in eodem altari . . . . .   V.
350. Capella Sancti Antonii ibidem . . . .   VII.
351. Capella B. Annæ ibidem . . . .   II.
352. Capella B. Claudii. . . . .   X.
353. Capella B. Joannis evangelistæ. . . . .   VI.
354. Capella B. Nicolai in cimisterio. . . . .   VI.
355. Capella in magno altari dictæ ecclesiæ. . . . . .   V.
356. Capella B. Sebastiani in cimisterio. . . . .   III.
357. Capella Sanctorum Crispini et Crispiniani in magna
    ecclesia. . . . .   III.
358. Capella B. Michaelis Hospitalis. . . . .   X.
359. Capella in eodem cimisterio Galiaudi . . . .   XVIII.
360. Capella in eodem cimisterio . . . .   XII.
361. Alia capella ibidem. . . . .   V.
362. Capella dominæ Isabellæ Loyes . . . .   XV.
363. Capella domini de Lay ibidem . . . .   V.

NOMS DES PAROISSES.	VOCABLES.	PATRONS.
235. Passage (le).	Saint Étienne.	L'archev. et la cathéd[le] de Vienne alternativ[t].
236. Roche et Toirin.	Notre-Dame.	Le chapitre de St-Pierre et Saint-Chef.
237. Sacieu (al. Succieu).	Saint Pierre.	Le cathédrale de Vienne.
238. Saint-Clair-de-la-Tour.		Le chapitre de St-Pierre et Saint-Chef.
239. Saint-Didier-de-la-Tour.		Le chapitre de St-Chef.
240. St-Jean-de-Soudin.		Le précenteur de la cathédrale de Vienne.
241. Saint-Victor-de-la-Tour.		La cathédrale de Vienne.

364. Capella Sancti Georgii in ecclesia Castri Turris
(246 a) . . . . III.
365. Ecclesia Sanctæ Blandinæ (242) . . . . XXIIII.
366. Ecclesia Montagniaci (234) . . . . XXIIII.
367. Capella Castellarii (cf. 280 bis) . . . . »
368. Capella B. Mariæ Pietatis. . . . . »
369. Ecclesia Montisrevelli (466). . . . . XXX.
370. Capella Sancti Joannis Baptistæ . . . . II.
371. Capella Beatorum Antonii et Sebastiani . . . . . . V.
372. Ecclesia Sancti Georgii in Monte. . . . . XX.
373. Capella B. Catharinæ ibidem. . . . . VII.
374. Capella B. Antonii in ecclesia Sancti Stephani de
Volomi (Dolomieu, cant. de la Tour-du-Pin). . . . . IX.
375. Capella B. Jacobi ibidem . . . . IIII.
376. Ecclesia Capellæ prope Turrim (231). . . . . . . XX.
377. Capella domini Gay. . . . . V.
378. Capella domini don Johan in ecclesia Sancti Desiderii (239) . . . . III.
379. Capella domini Petri Morardi. . . . . II.
380. Ecclesia de Turino et Ruppibus (236) . . . . . . XX.
381. Ecclesia Seysiaci (237) . . . . XXX.
382. Capella Sancti Petri apostoli ibidem . . . . III.

NOMS DES PAROISSES.	VOCABLES.	PATRONS.
242. Sainte-Blandine-de-la-Tour.		Le chapitre de St-Chef.
243. Sérézin.	Saint Alban.	Le prieur de St-Martin de Vienne.
244. Torchefelon.	Saint Georges.	La cathédrale de Vienne.
245. Tour-du-Pin (la).	Notre-Dame.	Le chapitre de St-Pierre et Saint-Chef.

Un couvent de Récollets y avait été fondé par les habitants, en 1618, sous le vocable de saint Jérôme; une maladrerie y avait aussi existé, ainsi qu'une commanderie de Saint-Jean-de-Jérusalem.

246. *Annexes*: Château de la Tour-du-Pin; — Saint-Maurice, de Sérézin, sous le patronage du prieur de Ternay; — Virieu, de Courtenay.

383. Ecclesia Sirizini (243) et Vermelle (273) . . . . . . LX.
384. Capella Sancti Spiritus ibidem . . . . III.
385. Ecclesia Sancti Victoris (241) . . . . LX.
386. Ecclesia de Ruys (276 c) . . . . L.
387. Capella B. Claudii . . . . VI.
388. Capella B. Annæ . . . . VI.
389. Ecclesia Sancti Agnini (266) . . . . XX.
390. Ecclesia Tremollee (271) . . . . XII.
391. Ecclesia de Meyries (263) . . . . XV.
392. Ecclesia Crachiaci (256) . . . . IX.
393. Ecclesia Casenove (255) . . . . VII.
394. Ecclesia Palleysini (265) . . . . XL.
395. Capella B. Mariæ Magdalenæ . . . . IIII.
396. Capella B. Mariæ in ecclesia Sirisini (243) . . . . . III.
397. Capella Sancti Petri ibidem . . . . I.
398. Ecclesia Cullini (257) et Exparrearum (260) . . . . XXX.
399. Ecclesia Castri Villani (232) et Exclose (233) . . . . XL.
400. Capella B. Stephani in eadem . . . . VI.

ARCHIPRÊTRÉ DE BOURGOIN.

24 cures en dépendaient; titulaire : le curé de Saint-Chef.

247. **Église paroissiale** de Bourgoin, sous le vocable de saint Jean-Baptiste.

248. **Augustins réformés**, fondés en 1650 par le concours de la municipalité de Bourgoin, de M. de Lorat, seigneur engagiste de la ville, et de plusieurs nobles et particuliers des environs : prieur, procureur.

249. **Hôpital.** — L'administration intérieure était confiée à trois sœurs du Très-Saint-Sacrement de Mâcon, dont une pour l'éducation des jeunes filles, au nombre de 36; directeurs : le curé, le syndic, le maire, les échevins.

250. **Confrérie de Pénitents** : recteur, aumônier.

251. **Collége** chez les Augustins : principal, professeur de rhétorique.

252. **École** fondée par Mlle Gonon pour l'éducation gratuite des pauvres filles, **sous la direction** du curé et des officiers municipaux; une autre avait été établie dans le même but à l'hôpital.

401. Capella Beatæ Mariæ . . . . V.
402. Ecclesia Sancti Albani Rupis (267). . . . . LX.
403. Ecclesia (Capella?) Sancti Antonii ibidem . . . . . II.
404. Ecclesia Jalliaci (261). . . . . XXX.
405. Capella Sanctæ Catharinæ ibidem . . . . IIII.
406. Capella B. Michaelis ibidem . . . . IIII.
407. Ecclesia Burgundii (247). . . . . LXXX.
408. Capella B. Annæ ibidem . . . . VIII.
409. Capella B. Petri ibidem . . . . XII.
410. Capella Yvonis . . . . VI.
411. Capella Sancti Andreæ . . . . IIII.
412. Capella SS. Christofori et Catharinæ. . . . . . . VI.
413. Capella Sancti Claudii ibidem . . . . II.
414. Prior Arthasii (262). . . . . V^c.
415. Ecclesia Domarini (259) . . . . XVIII.
416. Capella B. Petri ibidem. . . . . III.
417. Ecclesia Sancti Sabini (269) . . . . L.
418. Ecclesia Vezeronciæ (274) . . . . XXXV.
419. Prioratus Vilioloci (275) . . . . XXX.

NOMS DES PAROISSES.	VOCABLES.	PATRONS.
253. Arcisses.	Saints Maurice et Baudille.	Le chamarier de St-Pierre et St-Chef.
254. Chapelle-de-Saint-Chef (la).	Saint Pierre.	
254 *bis*. Château-Vilain.	Saint Martin.	Les religieux de l'abbaye de Bonnevaux (cf. n. N.)
255. Chèzeneuve.	Saint Maurice.	Le prieur d'Artas.
256. Crachier.	Saint Genys.	La cathédrale de Vienne.
257. Culin.	Saint Didier.	*Idem.*
258. Demptézieu.	Saint Savin.	
259. Domarin.	Saint Germain.	
260. Éparres (les).	Saint Pierre.	La cathédrale de Vienne.
261. Jallieu (*al.* Jalieu).	Notre-Dame.	
262. L'Ile-d'Abeau (*ou* d'Artas).	Saint Pierre.	Le prieur d'Artas.

420. Capella BB. Michaelis et Antonii Vezeronciæ (274).   III.

421. Capella Sancti Spiritus Dempteysiaci (258). . . . .   VI.

422. Ecclesia Veyssiliaci (302) XIII

423. Capella B. Mariæ Magdalenæ Sancti Savini (269) .   III.

424. Ecclesia B. Mariæ de Tortas (297) . . . . XXX.

425. Ecclesia S. Marcelli prope Crimiacum (296? *cf.* 277) XXX.

426. Capella B. Mariæ Magdalenæ . . . .   V.

427. Sacristia ejusdem loci. . . . .   X.

428. Capella domini Amblardi Benedicti . . . .   VI.

429. Capella domini Chappuisii . . . .   V.

430. Capella B. Catharinæ ibidem . . . .   »

431. Ecclesia Vulpillerie (317). . . . .   X.

432. Capella dominorum Doreris et Hueti. . . . .   V.

433. Capella B. Joannis Baptistæ ibidem . . . .   VI.

434. Capella S. Antonii in ecclesia Sancti Hypoliti (277).   VI.

435. Capella hospitalis Pontis Charuisii (L) . . . . XX.

(L) Pont-de-Chéruy, commune de Tignieu (299).

NOMS DES PAROISSES.	VOCABLES.	PATRONS.
263. Meyrier (*al.* Meyrié).	Notre-Dame et Saint Clair.	Les recteurs de l'Hôtel-Dieu de Vienne.
264. Monceau.	Sainte Anne.	Le chapitre de St-Pierre.
265. Paleyzin (*al.* Palézin).	Saint Victor.	

Les **Dominicains de Paternoz**, fondés dans le mandement de Maubec par Pierre Hazard notaire, en 1465, desservaient cette paroisse.

266. Saint-Agnin.		
267. Saint-Alban-de-Roche *ou* de-Vaux.		
268. Saint-Chef.	Saint Theudère.	Le chapitre de St-Pierre et Saint-Chef.

Une abbaye fut fondée dans ce lieu, au milieu du VIe siècle, par saint Chef (*S. Theuderius*). L'archevêque de Vienne Barnoin la donna, vers 891, à des moines de l'ordre de Saint-Benoit, que remplacèrent au XIVe siècle des chanoines réguliers. Ils se retirèrent à Vienne, au milieu du XVIIIe siècle, et prirent possession du monastère de Saint-André-le-Bas (N° 4) en 1774; quatre ans après, le chapitre de Saint-Chef fut réuni à celui de Saint-Pierre.

436. Capella hospitalis B. Antonii Crimiaci (282) . . . .   X.
437. Conventus Fratrum Augustinorum Crimiaci (278).   II°.
438. Prior de Chavanes (285) . . . .   VI°.
439. Ecclesia de Bethenoz et Villæ (303) . . . .   XL.
440. Capella fundata per Deperlavisio. . . . .   V.
441. Ecclesia de Chazaux (286) . . . . XXVIII.
442. Ecclesia de Myages (291) et Chamagniaci (304 a). XXXV.
443. Ecclesia de Pannoxis (293) . . . . XXX.
444. Capella domini Mileti ibidem. . . . .   V.
445. Ecclesia de Frontenas (288) et Nexe. . . . . XXX.
446. Capella Sancti Petri ibidem . . . .   II.
447. Ecclesia S. Marcelli et Meyssonas (*Meissenas?*) . . XXXV.
448. Capella domini Maillardi . . . .   II.
449. Ecclesia de Veneries (300) . . . . XXII.
450. Ecclesia S. Hilarii de Brens (294) . . . . LXXX.
451. Capella B. Mauricii ibidem. . . . .   XV.
452. Capella Beatæ Mariæ. . . . .   XL.
453. Capella B. Benedicti ibidem . . . . XXXVI.
454. Capella S. Antonii in ecclesia Vauraci (M..? 292).   II.
455. Ecclesia Morasii prope Crimiacum (292). . . . . . XXXV.

NOMS DES PAROISSES.	VOCABLES.	PATRONS.
269. Saint-Savin.		
270. Salaignon.	Saint Ferréol.	L'hôtelier de St-Pierre et Saint-Chef.
271. Tramolé.	Saint Maurice.	
272. Vasselin.	Saint Eusèbe.	
273. Vermeille (*al.* Ver-melle).	Saint Maurice.	
274. Vézeronce.	Saint Laurent.	Le chapitre de St-Pierre et Saint-Chef.
275. Vignieu.	Saint Baudille.	

276. *Annexes* : Maubec (voc. Sainte Croix), de Paleyzin; — Puz;
— Ruy, voc. Saint Denys; — Saint-Germain, de l'Ile-d'Abeau; — Saint-
Jean-de-Curtil (*al.* Curtius), de Vézeronce; — Saint-Sorlin-de-Saint-
Chef, de Vasselin.

456. Ecclesia de Amisino (283) . . . . X.
457. Ecclesia S. Julliani d'Esimaci (287) . . . . XX.
458. Ecclesia de Series (M). . . . . XX.
459. Ecclesia de Heys (289) . . . . XL.
460. Ecclesia S. Romani prope Crimiacum (304 d). . . XXX.
461. Capella domini Joannis Miralhis . . . . IX.
462. Ecclesia Tiginaci (299) . . . . XX.
463. Capella domini Balufini. . . . . III.
464. Ecclesia de Chavanots (285) . . . . VIII.
465. Ecclesia de Satolas et Loces (298) . . . . XL.
466. Ecclesia Javeysiaci (290) . . . . XC.
467. Ecclesia Insulæ Artasii (262) . . . . XXX.
468. Ecclesia de Moncellis (264) . . . . XVIII.
469. Ecclesia Arresax (253) . . . . XIII.
470. Ecclesia S. Theuderii (268). . . . . XL.
471. Capella S. Joannis evangelistæ . . . . V.

(M) Serrières, commune de Trept, arrondissement de la Tour-du-Pin.

ARCHIPRÊTRÉ DE CRÉMIEU.

21 cures en dépendaient; titulaire : le curé du lieu.

277. **Église paroissiale** de Crémieu, sous le vocable de saint Hippolyte.

278. **Grands Augustins** de Crémieu, fondés en 1317 par Jean II, dauphin, pour dix religieux; Humbert II en établit trente en 1337, et fit bâtir leur monastère.

279. **Capucins**, appelés dans cette ville par les habitants, en 1615.

280. Religieuses de la **Visitation de Sainte-Marie**, fondées en 1627 par Melchior de la Poype de Saint-Julien et dame Granet, son épouse.

280 *bis*. Couvent d'**Ursulines**, fondé en 1633 par Bertrand du Brueil de la Bâtie, seigneur de Châtelard.

281. Confrérie de **Pénitents** du Très-Saint-Sacrement : ils avaient une église particulière.

282. Deux **hôpitaux**, dont l'un fondé au commencement du XVIII\u00ba siècle par le président de la Poype de Saint-Julien pour douze pauvres vieillards de ses terres.

472. Capella S. Claudii. . . . . IIII.
473. Capella S. Jacobi . . . . IX.
474. Capella S. Georgii de Chaponieres . . . . VI.
475. Capella S. Stephani. . . . . I.
476. Ecclesia Capellæ S. Theuderii (254) . . . . XXX.
477. Capella B. Nicolai. . . . . VI.
478. Ecclesia Salagmonis (270) . . . . XVI.
479. Ecclesia Veysselini (272) et Sti Saturnini (276 ƒ). XXXVI.
480. Ecclesia Vigneraci (275) . . . . X.
481. Capella domini de Bellovenne . . . . VI.
482. Prior Tremoles (271) . . . . C.
483. Abbatia Bonarum Vallium, cum suis membris et
conventu (N). VIIᶜ.

(N) L'abbaye de Notre-Dame de *Bonnevaux*, de l'ordre de Cîteaux, fut fondée en 1117 par l'archevêque de Vienne Gui de Bourgogne, dans une vallée couverte de bois (d'où son nom *Bona Vallis*); elle était située dans la paroisse de Saint-Symphorien-de-Marc (cf. N° 337), où le dauphin Humbert II fit construire un château en 1345. Le monastère fut dévasté sur · la fin de juillet 1789 et les religieux obligés de se retirer à Saint-Jean-de-Bournay (N° 332).

NOMS DES PAROISSES.	VOCABLES.	PATRONS.
283. Annoisins.	Notre-Dame.	L'aumônier de St-Pierre et Saint-Chef.
284. Charvieu (Charmieu, G. A.).	Saint Martin.	Le commandeur du Temple de Vaux.
285. Chavanoz.	Notre-Dame.	Le prieur du lieu et les Carmes déchaussés de Lyon.
286. Chozaux (*al.* Chozeaux).	Saint Blaise.	Le doyen de St-Pierre de Vienne.
287. Dizimieu.	Saint Martin.	Le prieur de St-Hippolyte.
288. Frontonas.	Saint Julien.	Le chapitre de St-Pierre et Saint-Chef.
289. Hières.	SS. Étienne et Pierre.	Le prieur de St-Hippolyte.
290. Jameyzieu.	Notre-Dame.	L'archev. et la cathédˡᵉ de Vienne alternativᵗ.
291. Miange.	Saint Clair.	

484. Dómus, Prior et Religiosi Carthusiæ Salvæ Bene-
dictæ (473). . . . . IIIIᶜ L.
485. Totus Conventus, Prior major et cæteri officiarii
monasterii Sancti Theuderii, cum eorum omnibus
annexis et capellanis Religiosorum (268 *n*). . . . . . M.
486. Abbatia S. Petri Lugduni, pro qua percipit a Series
(*cf.* 458) . . . . XX.
487. Membrum S. Joannis Jerosolimitani Turrispini
(245 *n*). (XXII X)ˢ
488. Templum de Vaux (316) . . . . (CLX).
489. Præceptoria S. Joannis de Bethenos (303) . . . (LXXXV).

NOMS DES PAROISSES.	VOCABLES.	PATRONS.
292. Moras-de-la-Tour *ou* de-Veysillieu.	Saint Christophe.	
293. Panossas.	Saint Martin.	Le doyen de Saint-Chef.
294. Saint-Hilaire-de-Brens.		
295. St-Julien *ou* St-Julin.		Le prieur de St-Hippolyte.
296. St-Marcel-de-Bellacueil.		
297. Ste-Marie-de-Tortas.	Notre-Dame.	
298. Satolas *et* Bonce.	Saint Pierre.	
299. Tignieu (*al.* Trigneu).	Saint Antoine et ste Magdeleine.	La cathédrale de Vienne.
300. Veneyrieu.	Saint Aignan.	
301. Vernas.	Saint Martin.	L'abbesse de St-Pierre de Lyon.
302. Veyssillieu.	Saint Hilaire.	
303. Ville *et* Bethenou.	SS. Jean-Baptiste et Maurice.	

304. *Annexes :* Chamagnieu, de Miange; — Corbeysieu, de Frontonas; — Leyrieu *et* Saint-Romain, de Sainte-Marie-de-Tortas.

POUILLÉ

DU DIOCÈSE DE VIENNE.

(Suite).

IN ARCHIPRESBITERATU DE MARCO (M).

490. Ecclesia Chaucyriaci et annexis (341)	XL.
491. Ecclesia de Ternay (352) et capella Sirisini (354) .	XII.
492. Ecclesia de Commenay (342).	XV.
493. Ecclesia S. Mauritii Chuzelle (348)	V.
494. Capella S. Sebastiani ibidem	IIII.
495. Capella domini Bartholomei Anciani.	V.
496. Ecclesia de Simandres (351)	XVI.

(1) Voir les 2e, 3e, 5e et 7e livraisons du *Bulletin*, p. 230, 347, 158, 391.

(M) Cet archiprêtré correspond, dans le pouillé de 1790, à ceux d'Artas, de Beauvoir-de-Marc et de Communay.

ARCHIPRÊTRÉ D'ARTAS.

14 cures en dépendaient; titulaire : le curé du lieu.

NOMS DES PAROISSES.	VOCABLES.	PATRONS.
305. Artas.	Saint Pierre.	Le prieur commendataire du lieu.
306. Diémoz.	Notre-Dame.	La cathédrale de Vienne.
307. Four.	SS. Nazaire et Celse.	Le prieur com. d'Artas.
308. Menu-Famille.	Notre-Dame.	Le chapitre de Saint-Pierre et Saint-Chef.
309. Oytier.	Saint Barthélemy.	La cathédrale de Vienne.
310. Roche.	Saint André.	Le prieur com. d'Artas.

497. Ecclesia de Marenis cum suis membris (345) . . .   L.
498. Ecclesia de Luzenay (344) et Serpesie (349) . . . .   X.
499. Ecclesia de Chapponay (340) . . . .   XL.
500. Ecclesia SS. Mauritii Villete (353) et Hipoliti Chu-
zelle (347) . . . . XLVIII.
501. Ecclesia Familiæ (308) . . . . , . . .   XX.
502. Ecclesiæ Ruppis (310) et de Fours (307) . . . . . .   XL.
503. Ecclesia de Chatonay (323) . . . .   XXX.
504. Capella in hospitali B. Annæ . . . .   III.
505. Capella domini Barbarini . . . .   III.
506. Capella S. Antonii ibidem . . . .   III.
507. Ecclesiæ Meyriaci (328) et Extrablini (325). . . XXXVIII.
508. Ecclesia S. Quentini Falaverii (313) . . . .   L.
509. Capella Sancti Spiritus . . . .   III.
510. Capella S. Joannis Falaverii . . . .   IIII.
511. Capella S. Boneti a Ville (318) . . . .   X.
512. Ecclesia S. Joannis de Bornay (332) . . . . XVIII.
513. Capella Sancti Spiritus in eadem . . . .   II.
514. Ecclesia S. Joannis Yllini (343) . . . .   X.
515. Ecclesia S. Petri de Bornay (320) . . . .   VIII.
516. Prior ejusdem loci . . . .   L.

NOMS DES PAROISSES.	VOCABLES.	PATRONS.
311. Saint-Georges-d'Es-péranche.		Le seigneur du lieu.
312. Saint-Just.		Le prieur d'Artas.
313. Saint-Quentin.		Le prieur d'Heyrieu.
314. Septème.	Saint Symphorien.	
315. Valencin.	Saint Vincent.	Le prieur de Chandieu.
316. Vaux et Milieu.	Sainte Magdeleine.	Le commandeur du temple de Vaux, de St-Georges de Lyon, ordre de Malte.
317. Verpillière (la).	Saint Denis.	*Idem.*
318. Ville et St-Bonnet-de-Roche.	Saint Martin.	Les infirmiers du cha-pitre de Saint-Pierre.
318 bis. *Annexes* : Saint-Oblas, de Diémoz.		

517. Ecclesia de Royas (331) . . . . X.
518. Ecclesia Bellivisus de Marcho (319) . . . . XXX.
519. Capella S. Laurentii . . . . I.
520. Ecclesia d'Artas (305) . . . . X.
521. Ecclesia de Charontaney (322) . . . . XII.

ARCHIPRÊTRÉ DE BEAUVOIR-DE-MARC.

Le curé du lieu était archiprêtre des 18 cures suivantes :

NOMS DES PAROISSES.	VOCABLES.	PATRONS.
319. Beauvoir-de-Marc.	Notre-Dame.	Le prieur com. d'Artas.
320. Bournay.	Saint Pierre.	Le prieur du lieu.
321. Châlons-St-Michel.		Le collége de Tournon.
322. Charantonay.	Saint Blaise.	La cathédrale de Vienne.
323. Châtonay.	Saint Christophe et Sainte Catherine.	Le chapitre de Saint Pierre.
324. Chaumont.	Saint Barthélemy.	La cathédrale de Vienne.
325. Estrablin et Gemens.	Saint Pierre.	L'abbé de Saint-André-le-Bas.
326. Eyzin.	Notre-Dame.	Les bénédictins de Saint-André-le-Bas.
327. Jardin.	Saint Théodore.	L'abbé de Saint-Pierre de Vienne.
328. Meyrieu.	Saint Martin.	La cathédrale de Vienne.
329. Meyssiès.	Saint André.	L'abbé de Saint-Pierre.
330. Moydieu.	Saint Jean et Saint Maximin.	Les bénédictins de Saint-André-le-Bas.
331. Royas (al. Romas).	Saint Clair.	Le prieur com. d'Artas.
332. St-Jean-de-Bournay.		*Idem.*
333. St-Julien-de-Lerms.		Le chapitre de St-Pierre.
334. Saint-Sorlin-en-Foumache.	Saint-Saturnin.	Le collége de Tournon.
335. Sainte-Anne-d'Estrablin.		L'abbé commendataire de Bonnevaux.
336. Savas et Mépin.	Saint-Romain.	L'archev. de Vienne et le chap. de St-Pierre.
337. Villeneuve-de-Marc.	Saint-Symphorien.	Le chapitre de St-Pierre.

338. *Annexes* : Buis, de Saint-Julien-de-Lerms ; — Saint-Marcel-de-Pinet, d'Eyzin.

522. Ecclesia de Meypino et Savas (336). . . . .   XII.
523. Ecclesiæ Pineti et S. Marcelli (338 *b*) . . . .   XVIII.
524. Ecclesia Meydiaci (330). . . . .   XX.
525. Ecclesia Vilenove de Marcho (337). . . . .   XXX.
526. Ecclesia Extrablini (325). . . . .   XV.
527. Ecclesia S. Georgii Speranchie (311). . . . . . . .XXXV.
528. Capella B. Mariæ ibidem . . . .   IX.
529. Capella S. Antonii . . . .   V.
530. Capella Sanctarum Margaritæ, Magdalenæ et Ca-
     tharinæ ibidem. . . . .   V.
531. Ecclesia S. Holasii (318 *bis*) . . . .   X.
532. Ecclesia Octiaci (309). . . . .   XXII.
533. Ecclesia Septimi (314) et S. Stephani de Subtvers.   XVIII.

ARCHIPRÊTRÉ DE COMMUNAY.

15 cures en dépendaient; titulaire : le curé de Serpaize.

NOMS DES PAROISSES.	VOCABLES.	PATRONS.
339. Chaleyssin.	Saint Pierre.	Le prieur de Chandieu.
340. Chaponay.	Saint Barthélemy.	Le prieur de Ternay.
341. Chasse *ou* St-Martin-de-Seyssuel.		La cathédrale de Vienne, le prieur de Ternay et le seigneur de Chasse.
342. Communay.	SS. Pierre et Blaise.	La cathédrale de Vienne.
343. Illins (*al.* Lin).	Saint Jean-Baptiste.	Le collége de Tournon.
344. Luzinay.	Saint Nizier.	Le prieur de Remay.
345. Marennes (*al.* Marêne).	Saint Julien.	Le chapitre de Lyon.
346. Mons *et* Vermons.	Notre-Dame.	Le chapitre de St-Pierre.
347. St-Hyppolite-de-Chuzelle.		La cathédrale de Vienne.
348. St-Maurice-de-Chuzelle.		Le prieur de Ternay.
349. Serpaize.	Saint Pierre.	*Idem.*
350. Seyssuel *ou* Notre-Dame-de-Cuet.		*Idem.*
351. Simandre.	Notre-Dame.	Le prieur de Saint-Symphorien-d'Ozon.
352. Ternay.	Saint Mayol.	Le prieur du lieu.
353. Villette-de-Serpaize.	Saint Maurice.	La cathédrale de Vienne.
354. *Annexes :* Sérezin, de Ternay.		

534. Capella S. Michaelis Septimi (314) . . . .   VI.
535. Capella B. Mariæ ibidem . . . .   II.
536. Capella B. Catharinæ in castro . . . .   XIIII.
537. Capella B. Julliani ibidem . . . .   IX.
538. Ecclesia S. Justi (312) . . . .   X.
539. Ecclesia Valentini (315) et Caleyssini (339) . . . .   XX.
540. Prior Mediaci (330) . . . .   C.
541. Capella B. Annæ ibidem . . . .   X.
542. Prior de Ternay (352) . . . . Vᶜ XL.
543. Prior de Lymon prope Viennam (114) . . . . . .   L.
544. Preceptor Belle Combe . . . .   Vᶜ.

IN ARCHIPRESBITERATU SANCTI VALLERII (N).

545. Ecclesia parrochialis Reventini (401) . . . .   XV.
546. Ecclesia Costarum d'Arey (406) . . . .   XVI.

(N) Cet archiprêtré correspond, dans le pouillé de 1790, à ceux de Beaurepaire, de Moras, de Roussillon et de Saint-Vallier (partie).

ARCHIPRÊTRÉ DE BEAUREPAIRE.

16 cures en dépendaient; titulaire : le curé de Serre.

NOMS DES PAROISSES.	VOCABLES.	PATRONS.
355. Beaufort.	Notre-Dame.	L'ordre de Malte.
356. Beaurepaire.	Saint Pierre.	Le prieur de Tourdan.

357. L'abbaye de filles de *Saint-Paul-d'Izeaux*, de l'ordre de Cîteaux, fondée dans ce lieu (N.º 424) au commencement du XIIIᵉ siècle, fut forcée par les guerres de religion du XVIᵉ siècle de se retirer à Beaurepaire. — Ce bourg, outre un *hôpital*, avait encore un couvent de *Grands-Augustins*, établis par les Dauphins dans le courant du XIIᵉ siècle.

360. Lentiol.	SS. Jacques et Andéol.	Le seigneur du lieu.
361. Marcolin.	Saint Cirice.	Le prieur com. de Mantoz.
362. Moissieu.	Saint Didier:	Le chapitre de St-Pierre.
363. Montseverou.	Saint Martin.	La cathédrale de Vienne.
364. Pact.	Saint Georges.	
365. Pisieu (*al.* Pizieu).	Saint Didier.	Le chapitre de St-Pierre.
366. Pomier.	Saint Romain.	*Idem.*

547. Ecclesia Montis Superioris (363) . . . . XV.
548. Ecclesia S. Saturnini Fornachie (334) Chomonachi
     (324) et de Chalme . . . . X.
549. Ecclesia de Cours (358). . . . . X.
550. Ecclesia Meysiaci (329). . . . . XII.
551. Ecclesia de Pac (364). . . . . XX.
552. Ecclesiæ Bellegarde (393 b) et Possiaci (387) . . . L.
553. Capella S. Nicolai. . . . . II.
554. Ecclesia de Pomiers (366) . . . . XVIII.
555. Ecclesiæ Ruelli (sic, 374) et Tordani (373) . . . . XXX.
556. Capella B. Mariæ Revelli (374). . . . . III.
557. Ecclesia Primaleste (367). . . . . VI.
558. Ecclesia Belliriparii (356) . . . . L.
559. Capella S. Sebastiani . . . . II.
560. Ecclesia S. Bartholomai Gabusue (368) . . . . . . V.

NOMS DES PAROISSES.	VOCABLES.	PATRONS.
367. Primarète.	Saint Pierre.	Le prieur de Tourdan.
368. St-Barthélemy-d'Aygabuse.		La cathédrale de Vienne.
369. Saint-Clair-de-Serre.		
370. Saint-Germain.		
371. Serre, bourg.	Saint Mamert.	L'abbé de Saint-Pierre.
372. Thodure.	Saint André.	
373. Tourdan.	Notre-Dame.	Le prieur du lieu.
374. Annexes : Revel, de Tourdan.		

ARCHIPRÊTRÉ DE MORAS.

17 cures en dépendaient; titulaire : le curé d'Andancette.

375. Andancette.	Saint André.	
376. Anjou.	Saint Sauveur.	Le chapitre de St-Pierre.
377. Anneyron.	Notre-Dame.	Le chap. de St-Pierre de Vienne et le pr.ᵉ de la Motte-Galaure altern.ᵗ
378. Auterives.	Saint Germain.	
379. Bougé.	L'Assomption de N.-D.	Le chapitre de St-Pierre.
380. Chambalu.	Saint Ennemond.	L'abbesse de St-Pierre de Lyon.
381. Chât.ᶠ-de-Galaure.	Saint Jean.	Le pr.ʳ com. de Mantoz.

561. Capella in ecclesia Belliriparii S. Andreæ (*cf.* 558).   IIII.

562. Ecclesia Bellifortis (355) et Theodori (372) . . . .   XX.

563. Duæ capellaneæ ibidem. . . . .   IIII.

564. Ecclesia Serre (371) . . . .   XV.

565. Sacristia Serre (359) . . . .   XVI.

566. Capella vocata Latini et B. Sebastiani . . . . . .   V.

567. Ecclesia Lenti (359) . . . .   XX.

568. Capella S. Georgii. . . . .   II.

569. Ecclesia S. Germani prope Serram (370) . . . . .   XII.

570. Ecclesia Altirippe (378) . . . .   XV.

571. Ecclesia Castri Novi Galabri (381) . . . .   XXX.

572. Ecclesia S. Boneti Galabri (388) . . . .   XII.

573. Prioratus Mote Galabri (227) . . . . LXXX.

574. Ecclesia Mote Galabri (*ib.*). . . . .   VII.

575. Ecclesia S. Joannis Miroil (393 *d*) . . . .   VI.

576. Ecclesia S. Vallerii (211). . . . .   XXV.

577. Prior S. Vallerii cum infirmaria et aliis officiis non
     nominatis (0) . . . .   III ᶜ

(0) Le prieuré conventuel de Saint-Vallier fut uni à l'ordre de Saint-Ruf, par le pape Urbain V et confirmé par Grégoire XI en 1373.

NOMS DES PAROISSES.	VOCABLES.	PATRONS.

382. Près de ce lieu se trouvait le couvent des *Cordeliers de Charrières*, fondé en 1454, par Jean de Montchenu, dans un prieuré de l'ordre de Cluni.

383. Épinouze.	Saint Bonnet.	Le chapitre de St-Pierre.
384. Jarcieu.	Saint Pierre.	
385. Mantoz.	Saint Pierre.	Le prieur com. du lieu.
386. Moras, *bourg*.	Notre-Dame.	Le prieur de Mantoz.
387. Poussieu.	Notre-Dame.	L'archev.ᵉ et la cathédrale de Vienne.

388. St-Bonnet-de-Galaure.

389. Saint-Martin-d'Albon.

390. Saint-Romain-d'Albon.

391. Saint-Sorlin.   Saint Saturnin.

392. Trignieu.   St Antoine et ste Marg.ᵗᵉ La cathédrale de Vienne.

393. *Annexes :* Agnin, de Bougé; — Bellegarde, de Poussieu; — Mantaille, de Saint-Sorlin; — Saint-Jean-de-Mureils, de Saint-Bonnet-de-Galaure; — Saint-Philibert, de Saint-Romain-d'Albon.

578. Prior Mareste . . . . XX.
579. Sacristia S. Valerii . . . . XII.
580. Ecclesia S. Eustachii (234) . . . . X.
581. Doueria S. Valerii . . . . XL.
582. Prioratus S. Martini Albonis (389) . . . . LVI.
583. Ecclesia SS. Martini et Michaelis Mantaliæ (393 c). XXX.
584. Ecclesia S. Michaelis de Albone . . . . XX.
585. Ecclesia Anneyronis (377) . . . . XX.
586. Ecclesia S. Romani Albonis (390) . . . . XX.
587. Prioratus S. Philiberti (393 e) . . . . C.
588. Ecclesia Morasii (386) . . . . XXX.
589. Capella domini Baronati ibidem . . . . X.
590. Capella ibidem in magno altari . . . . IIII.
591. Capella domini de Merines . . . . X.
592. Alia capella Guillermi Joly . . . . X.
593. Capella S. Sebastiani . . . . VI.
594. Capella S. Antonii . . . . II X.
595. Aliæ duæ capellæ ibidem domini Joannis Borraldi. VI.
596. Capellæ Dominæ Nostræ Hospitalis . . . . XIIII.
597. Prior Mantulæ (385) . . . . IIᶜ LXXIII.
598. Sacristia ejusdem cum annexis . . . . XXX.
599. Ecclesiæ parrochialis ejusdem loci (*ib.*) . . . . . . XII.

ARCHIPRÊTRÉ DE ROUSSILLON.

Le curé du lieu était archiprêtre des 20 cures suivantes :

NOMS DES PAROISSES.	VOCABLES.	PATRONS.
394. Assieu.	Saint Pierre.	L'archev. et la cathéd.ˡᵉ de Vienne alternativ.ᵗ
395. Chessieu.	Notre-Dame.	La cathéd.ˡᵉ de Vienne.
396. Chonas.	Saint Sévère.	L'abbé de Saint-Pierre.
397. Clonas.	Saint André.	*Idem.*
398. Givray.	Saint Barthélemy.	Le précenteur de la cathédrale de Vienne.
399. Monsteroux.	Saint Laurent.	
400. Péage-de-Roussill.ⁿ (le).	Saint Jean-Baptiste.	Le collége de Vienne.
401. Revantin.	Saint Saturnin.	La cathédrale de Vienne.

600. Ecclesia Anjonis (376) . . . . XIIII.
601. Ecclesia Agnini (393 *a*) et Bogiaci (379) . . . . . VIII.
602. Prior Chamboleti (380) . . . . L.
603. Ecclesia Jarciaci (384) et Espinose (383) . . . . . XXX.
604. Ecclesia Sablonis (403) . . . . XX.
605. Prior Salligiarum (410 *bis*). . . . . VIII.
606. Prior S. Ramberti (409) . . . . II ᶜ L.
607. Ecclesia S. Ramberti (*ib.*). . . . . XXX.
608. Prioratus de Tordano (373) . . . . V.
609. Ecclesia Villæ subtus Anjonem (411?). . . . . . . XL.
610. Ecclesia Pedagii Rossillionis (400). . . . . XX.
611. Ecclesia Rossillionis (402) . . . . IIII.
612. Ecclesia S. Mauricii de Exilio (407) . . . . LXXX.
613. Capella domini Petri Gay. . . . . II.
614. Ecclesia Cheyssiaci (395) et Alberippe (413 *a*) . . XXX.
615. Ecclesia S. Albani Vareyssie (404) et Assiaci (394). X.
616. Ecclesia Chonasii (396). . . . . XV.
617. Ecclesia Montis subterioris (399) . . . . XXXV.
618. Ecclesia S. Saturnini Vallisaure (391). . . . . . . XL.
619. Capella S. Sebastiani ibidem . . . . III.
620. Ecclesia Suriaci de Capella (413 *b*) . . . . X.
621. Ecclesia S. Julliani Leps (333). . . . . VI.
622. Ecclesia Clonasii (397). . . . . X.

NOMS DES PAROISSES.	VOCABLES.	PATRONS.
402. Roussillon.	Saint Jacques.	Le collége de Vienne.

Un couvent de *Minimes* avait été fondé dans ce bourg, en 1608, par Just-Louis de Tournon, comte de Roussillon.

403. Sablon.	Saint Ferréol.	Le prieur séculier de Serrière.
404. St-Alban de Varèze.		Le chapitre de St-Pierre.
404 *bis*. St-Alban-du-Rhône.		L'abbé de Saint-Pierre.
405. St-Mamert-des-Côtes-d'Arey.		Le prieur de Ternay.
406. St-Martin-des-Côtes-d'Arey.		L'abbé de Saint-Pierre.
407. St-Maurice-de-l'Exil.		Le précenteur de la cathédrale de Vienne.
408. Saint-Prin.		L'abbé de Saint-Pierre.

623. Capella S. Jacobi in ecclesia S. Mauricii de Exilio (407) . . . . VI.

624. Ecclesia SS. Albani et Clare (404 *bis* et 413 *c*). . . VIII.

625. Ecclesia Jardini (327) . . . . IX.

626. Ecclesia de Marcoleyn (361) . . . . XVIII.

627. Ecclesia S. Primi (408) . . . . XX.

628. Ecclesia Moyssiaci (362) . . . . XVIII.

629. Ecclesia Chanasii (109) . . . . XXX.

630. Ecclesia de Conerys. . . . . XVIII.

631. Ecclesia Pisiaci (365) . . . . XV.

632. Ecclesia S. Mammerti (405) . . . . XV.

633. Prior Bonne Combe . . . . XL.

634. Prior B. Mariæ Vallis. . . . . L.

635. Præceptoria domus Calme (*cf.* 548 *c*.) . . . . . . LXXX.

NOMS DES PAROISSES.	VOCABLES.	PATRONS.
409. Saint-Rambert.		
410. St-Romain-de-Surieu.		Le chapitre de St-Pierre.
410 *bis*. Salaise.	Saint Claude.	Le prieur du lieu.
411. Terrebasse.	Saint Didier.	La cathédrale de Vienne.
412. Vernioz.	Saint Pierre.	Le collége de Tournon.

413. *Annexes* : Auberives, de Chessieu ; — la Chapelle, près de Roussillon (voc. Saint Jacques), de Saint-Romain-de-Surieu ; — Saint-Clair, près de Condrieu, de Saint-Alban-du-Rhône; — Virieu, de Saint-Alban-de-Varèze.

CORRECTIONS A LA FEUILLE PRÉCÉDENTE.

P. 48, *Effacer la note* 1. — 536. Cather. — 565. *Effacer* (359). — 573. *Lire* (218). — 576. *Lire* (202). — 580. *Lire* (225). — 596. Capella.— 599. Ecclesia.

602 *a.* Ecclesia Chamboleti *(ib.)* et Montisbritons..... XXX. *Ce chiffre doit être pris au N.º* 603, *auquel s'applique celui de* 604 *et ainsi de suite jusqu'à* 611, *qui a* XXX.

615. Vaieysie. —617. Subterioris.

334. SS. en Tournache. — 344. Le pr. de Ternay.		
358. Cour.	Saint Martin.	La cathédrale de Vienne.
359. Lens-Lestang.	Saint Jean.	L'abbé de St.-Pierre de Vienne.
365. *Lire* saint Blaise *au lieu de* Didier.		

POUILLÉ DU DIOCÈSE DE VIENNE.

Suite.

IN ARCHIPRESBITERATU BREYSSIACI (P).

636. Ecclesia Arzeaci (434).	XXV.
637. Ecclesia Semoncii (451)	XII.
638. Ecclesia Comelle (437).	XL.

(P) Cet archiprêtré a pour correspondants, dans le pouillé de 1790, ceux de Bressieu, de la Côte-Saint-André et de Virieu.

ARCHIPRÊTRÉ DE BRESSIEUX.

15 cures en dépendaient; titulaire : le curé de Sillans.

NOMS DES PAROISSES.	VOCABLES.	PATRONS.
414. Berzin.	Notre-Dame.	Le prieur de Saint-Siméon-de-Bressieux.
415. Bressieux.	Saint Michel.	Le chapitre de St-Maurice.
416. Brion.	Saint Didier.	L'archevêque de Vienne, par abandon du prieuré de Varacieu.
417. Châtenay-de-Bressieux.	Saint Germain.	Le chapitre de St-Maurice.
418. Marnaus.	Saint Pierre.	L'ordre de Malte.
419. Plan.	Notre-Dame.	

639. Capella domini Filliodi. . . . . XXXV.
640. Prior Penopolis (448) . . . . II^{c}XXX.
641. Ecclesia Faramancii (439) . . . . X.
642. Ecclesia Sardiaci (426 *bis*) . . . . VIII.
643. Capella domini Captivi. . . . . V.
644. Prioratus Viriville (428) . . . . CXX.
645. Ecclesia Penopoles (448) . . . . XXX.
646. Ecclesia Viriville (428) . . . . XV.
647. Ecclesia Chastaneti (417). . . . . XXX.
648. Prior S. Simeonis (426) . . . . CCL.
649. Ecclesia dicti loci (*id.*). . . . . XXX.
650. Capella nobilis Calibois ibidem . . . . VIII.
651. Capella nobilis G. Gottafredi. . . . . III.
652. Sacristia S. Simirins (cf. 648) . . . . X.
653. Ecclesia et capella S. Georgii Breyssiaci (415). . XLVI.
654. Ecclesia S. Petri retro castrum Bressiaci (425). XX.
655. Ecclesia de Voyon . . . . XII.
656. Capella B. Mariæ ibidem. . . . . IIII.

NOMS DES PAROISSES.	VOCABLES.	PATRONS.
420. St-Benoît-d'Izeau.		Le prieur de Moirans.
421. Saint-Étienne-de-St-Geoirs.		Le prieur du lieu.
422. Saint-Geoirs.	Saint Georges.	La cathédrale de Vienne.
423. Saint-Michel-de-Saint-Geoirs *ou* de-la-Faim.		Le prieur de Saint-Étienne-de-Saint-Geoirs.
424. Saint-Paul-d'Izeau (cf. 357).		L'abbaye de Saint-Paul, à Beaurepaire.
425. Saint-Pierre-de-Bressieux.		Le prieur de St-Siméon-de-Bressieux.
426. Saint-Siméon-de-Bressieux.		Le prieur du lieu.
426 *bis*. Sardieu.	Ste Magdeleine.	L'abbesse de Laval-de-Bressieux.
427. Sillans.	Saint Maximin.	La cathédrale de Vienne.
428. Viriville.	Saint Robert.	Le prieur com. du lieu.
429. *Annexes* : Marcilloles, succurs. de Viriville.		

657. Ecclesia Bresini (414) . . . .   XII.
658. Capella B. Mariæ ibidem. . . . .   II.
659. Ecclesia S. Stephani de Sancto Jouers[(421) . . .   XXV.
660. Prioratus dicti loci *(id.)* . . . .   CXXX.
661. Capella nobilis Gauteronis . . . .   IX.
662. Capella B. Mariæ in ecclesia S. Symirins (cf. 648).   VIII.
663. Sacristia dicti loci . . . .   X.
664. Ecclesia Sancti Georgii de S. Jouers (422) . . . .   XVIII.
665. Ecclesia Sancti Michaelis de Feyno (423) . . . .   XVIII.
666. Ecclesia B. Mariæ de Plans (419) . . . .   XXX.
667. Ecclesia S. Pauli la Ville (424) . . . .   XVIII.
668. Ecclesia de Yssilles (420). . . . .   XXX.
669. Capella B. Mariæ ibidem . . . .   V.

ARCHIPRÊTRÉ DE LA COTE-SAINT-ANDRÉ.

19 cures en dépendaient ; titulaire : le curé de Saint-Hilaire.

430. *Église paroissiale de la Côte*, sous le vocable de saint André et
le patronage de l'archevêque de Vienne, après le décès du prieur
séculier du lieu. — Il y avait eu un prieuré important, de l'ordre
des chanoines réguliers de Saint-Ruf.

431. *Abbaye* de filles *de Laval* ou *Val-Bressieux*, de l'ordre de
Citeaux, fondée en 1164, par Aymar de Bressieux, dans la terre de
ce nom; Béatrix de Hongrie, après avoir quitté le monde, à la mort
du dauphin Jean II, son mari, fut abbesse de ce monastère, mais se
démit le 15 février 1340. Il fut transféré au bourg de la Côte-Saint-
André, en vertu de lettres patentes de Louis XIII, du mois de mars
1633.

432. *Récollets*, sous le titre de Notre-Dame des Grâces; ils furent établis
dans ce lieu en 1612, de l'agrément de Louis XIII, sur les ruines
d'un couvent de Cordeliers.

433. *Ursulines*, leur couvent fut fondé en 1623 et confirmé par lettres
patentes de Louis XIII, en date du mois de juin 1626.

NOMS DES PAROISSES.	VOCABLES.	PATRONS.
434. Arzay.	Saint Laurent.	Le doyen de Saint-Pierre et Saint-Chef.
435. Bevenais.	Saint Marcellin.	Le prieur d'Oyeu.

670. Abbatia S. Pauli la Ville (357) . . . . LXXX.
671. Ecclesia de Sillans (427) . . . . XXX.
672. Ecclesia de Columba (463) . . . . XXXV.
673. Ecclesia de Lemps (443) . . . . LV.
674. Ecclesia Benevisii (435) . . . . XVIII.
675. Ecclesia Frete (441) . . . . XLVIII.
676. Ecclesia S. Hilarii (450) . . . . XXX.
677. Ecclesia de Gilonay (442) . . . . XVIII.
678. Prior de Gilonay *(id.)* . . . . CL.
679. Ecclesia parrochialis S. Andreæ (430) . . . . . . XX.
680. Prior Costæ S. Andreæ cum suis membris et
capellis *(id.).* . . . . CCC.
681. Ecclesia de Nantuni (446) . . . . XX.

NOMS DES PAROISSES.	VOCABLES.	PATRONS.
436. Bossieu (*al.* Bocieu).	Saint Thiers.	Les religieux de l'abbaye de Bonnevaux, à Villeneuve-de-Marc (n. L).
437. Comelle.	Saint Romain.	La cathédrale de Vienne.
438. Eydoche.	Saint Clair.	Le prieur com. du Moutier.
439. Faramans.	Saint Clair.	La cathédrale de Vienne.
440. Flachère.	Saint André.	L'archevêque de Vienne, après le décès du prieur sécr de la Côte-St-André.
441. Frette (*al.* La Frète).	Saint Ours.	La cathédrale de Vienne.
442. Gillonay.	Saint Maurice.	
443. Grand-Lemps (le).	Saint Jean.	La cathédrale de Vienne.
444. Longe-Chanal.	Saint Pierre.	Le prieur com. du Moutier.
445. Moutier (le).	Saint Nicolas.	Le prieur com. du lieu.
446. Nantoin.	Saint Martin.	
447. Ornacieux.	Saint Didier.	
448. Penol.	SS. Théobald et Loup.	
449. St-Didier-de-Bizonnes ou de-Marc.		Le prieur com. du Moutier.
450. St-Hilaire-de-la-Côte.		
451. Semons.	Saint Julien.	

452. *Annexes :* Balbin, d'Ornacieux ; — Champier (voc. Saint Nizier), de Nantoin ; — Pajet, de Penol.

682. Ecclesia Champiaci (452 *b.*) . . . . XVIII.
683. Ecclesia Edochi (438) et Longevalles (444) . . . XV.
684. Ecclesia monasterii Bressozelli (Q). . . . . VI.
685. Prior ipsius loci . . . . IIᶜ.
686. Ecclesia S. Desiderii (449) . . . . VII.
687. Ecclesia Bisonarum (455) . . . . XXX.
688. Capella B. Claudii ibidem . . . . X.
689. Ecclesia de Chabon (457). . . . . XXX.
690. Ecclesia Blandini (456) et Panissages (467) . . . I. Xˢ.
691. Capella B. Catharinæ Viriaci (474). . . . . V.
692. Capella B. Nicolai ibidem . . . . VII.
693. Capella BB. Stephani et Sebastiani. . . . . . . V.
694. Capella de Viriaco Barthonis. . . . . VII.
695. Capella B. Benedicti . . . . III.
696. Capella B. Mauritii et Laurentii . . . . IX.

(Q) Bocsozel (*Collection de Cartulaires dauphinois*, t. I, p. 313-5).

ARCHIPRÊTRÉ DE VIRIEU.

Le curé du lieu était archiprêtre des 20 cures suivantes :

NOMS DES PAROISSES.	VOCABLES.	PATRONS.
453. Abrets (les).	Notre-Dame.	Le commandʳ des Echelles.
454. Belmont.	St Christophe.	Le prieur com. du Moutier.
455. Bizònnes.	Saint Ferréol.	
456. Blandin.	Saint Jacques-le-Majeur.	Le doyen de Saint-Pierre et Saint-Chef.
457. Châbons (*al.* Chabon).	Ste Catherine.	
458. Chapelle-de-Peyrins(la).	St Jean-Baptiste.	La cathédr. de Vienne.
459. Chapˡᵉ-du-Gua (la).	Saint Nicolas.	
460. Charancieu.	SS. Gervais et Protais.	Le chap.de St-Maurice.
461. Chassigneu.	Notre-Dame.	Le chapitre de St-Pierre.
462. Chélieu.	Saint Martin.	
463. Colombe.	Saint Blaise.	La cathédrale de Vienne.
464. Doissin.	Saint Martin.	*Item.*
464 *bis.* Oyeu.	Saint Pierre.	Le prieur du lieu.
465. Montferrat.	Saint Didier.	La cathédrale de Vienne.
466. Montrevel.	Notre-Dame.	Le chapitre de St-Pierre et St-Chef.

697. Capella B. Antonii ibidem . . . .   XV.
698. Capella B. Crispini et Crispiniani . . . .   III. Xs.
699. Hospitalis dicti loci . . . .   XX.
700. Ecclesia Chassigniaci (461). . . . .   XX.
701. Capella S. Gregorii ibidem. . . . .   VI.
702. Capella B. Mariæ ibidem . . . .   III.
703. Ecclesia Valenconis (472) . . . .   XXX.
704. Ecclesia S. Honorati (470). . . . .   XXVIII.
705. Ecclesia SS. Petri et Desiderii de Paladonto (471).   XV.
706. Capella S. Catharinæ ibidem . . . .   II.
707. Capella B. Mariæ ibidem. . . . .   VIII.
708. Ecclesia Cheliaci (462). . . . .   L.
709. Ecclesia de Recuiny (468) . . . .   X.
710. Ecclesia Charenciaci (460). . . . .   XXV.
711. Templum Breyssiaci (415) et Ornacii (447) . . . .(XXII.Xs).
712. Abbatia Vallis Breyssiaci (431). . . . .   C.

NOMS DES PAROISSES.	VOCABLES.	PATRONS.
467. Panissage.	Notre-Dame.	Les doyens de St-Maurice et de St-Pierre.
468. Recoin (al. Recoins).	Saint Pierre.	La cathédrale de Vienne.
469. St-Michel-de-Paladru.		Item.
470. Saint-Ondras.	Saint Honoré.	Item.
471. St-Pierre-de-Paladru.		
472. Valancogne.	St Jean-Baptiste.	L'archevêque de Vienne et les Chartreux de la Sylve-Bénite alternativement.

473. La *Chartreuse de la Sylve-Bénite* aurait été fondée dans cette
paroisse, non loin du lac de Paladru, en 1116; l'empereur Frédéric-
Barberousse, dont le fils naturel Thierry s'y fit religieux convers, en
1160, la dota richement en 1167; le pape Alexandre III confirma les
Chartreux dans cette possession. Indiquons, à titre de renseignement
bibliographique : *La légende de la ville d'Ars en Dauphiné, sur les
bords du lac de Paladru (Isère)*, par M. Gust. VALLIER; Lyon, 1866,
in-8°.

474. Virieu.   Saint Pierre.   La cathédrale de Vienne.
475. *Annexes :* La Contamine, de Colombe; — Saint-Christophe-du-
Pin, de Virieu.

IN ARCHIPRESBITERATU VALDEME (R).

713.	Ecclesia parochialis de Merle (483)	LX.
714.	Ecclesia parochialis Veyrincii (501)	XV.
715.	Capella S. Petri ibidem.	V.
716.	Capella S. Antonii ibidem	X.
717.	Prior Andictus	IIIᶜ.
718.	Ecclesia S. Bandelii (486)	XXIIII.
719.	Capella S. Blasii ibidem	III.
720.	Ecclesia parochialis Capellæ B. Mariæ de Merlas (479).	XIIII.
721.	Domus Serate de Nismo, dependens ab abbatia Altæ Combæ (cf. 783)	IIIIᶜ.
722.	Ecclesia Chirencii (481)	XXX.
723.	Capella S. Trinitatis et S. Sebastiani.	X.
724.	Capella B. Mariæ ibidem.	IIII.
725.	Ecclesia Sancti Clari	XII.
726.	Prior Chirencii (481)	LXXX.
727.	Capella B. Antonii in eadem	VIII.
728.	Capella B. Mariæ Magdalenæ in eadem	VII.
729.	Capella B. Jacobi in eadem.	IIII.
730.	Capella B. Mariæ et Sebastiani.	XX.
731.	Capella Decem Millium Virginum	V.

(R) Cet archiprêtré a pour équivalent, dans le pouillé de 1790, celui de Saint-Geoire.

ARCHIPRÊTRÉ DE SAINT-GEOIRE.

15 cures en dépendaient; titulaire : le curé de Réaumont.

NOMS DES PAROISSES.	VOCABLES.	PATRONS.
476. Aprieu.	Saint Pierre.	Le prieur d'Oyeu.
477. Bilieu.	Saint Albon.	
478. Burcin.	Saint Martin.	Idem.
479. Chapelle-de-Merlas (la).	Notre-Dame.	
480. Charavines.	Saint Pierre.	
481. Chirens.	Notre-Dame.	
482. Massieu.	Saint Pierre.	
483. Merlas.	Notre-Dame?	Idem.

732. Capella B. Catharinæ in cimisterio et Antonii in
ecclesia de Recoyn (468) . . . . IX.
733. Capella B. Laurentii . . . . II.
734. Prior Voyrencii (501) . . . . LX.
735. Ecclesia S. Petri Massiaci (482) . . . . X.
736. Capella B. Sebastiani in eadem . . . . X.
737. Ecclesia Cherannoy et Clarmont. . . . . XIIII.
738. Ecclesia Apiaci (476). . . . . X.
739. Capella B. Agnini in eadem . . . . III.
740. Ecclesia de Villieu . . . . XV.
741. Ecclesia Bursini (478) et Andictus. . . . . . . XII.
742. Ecclesia de Albretis (453) . . . . XXX.
743. Capella B. Mariæ Chirencii (481). . . . . VII.
744. Ecclesia Murette (484) . . . . XVIII.
745. Capella B. Mariæ ibidem. . . . . VII.
746. Capella B. Catharinæ ibidem. . . . . VI.
747. Ecclesia Regalis Montis (485) et Sancti Cassini
(487). . . . . XVIII.
748. Prior Murette (484) . . . . CX.
749. Ecclesia S. Sixti (489) . . . . VI.
750. Ecclesia S. Jovis in Valdena . . . . LXXXIIII.
751. Membrum S. Joannis Jerosolymitani. . . . . . . (XXX).
752. Aliud membrum dependens a Stellis . . . . . . (LXV).

NOMS DES PAROISSES.	VOCABLES.	PATRONS.
484. Murette (la).	Saint Martin.	Le prieur com. du lieu.
485. Réaumont.	Saint Jean.	Le prieur com. de Murette.
486. St-Buel (al. Bueil).	Saint Baudille.	
487. Saint-Cassien.		Idem.
488. Saint-Geoire.	Saint Georges.	La cathédrale de Vienne.

Ce bourg avait une *abbaye*, sous le vocable de *Saint-André*, qui fut réunie, en 1736, à celle de Notre-Dame-des-Colonnes, à Vienne (6); un couvent d'*Ursulines*, fondé en 1670 et patenté en 1678, et un *hôpital.*

489. Saint-Sixte.		Le prieur d'Oyeu.
490. Voissan.	Notre-Dame.	

490 *bis. Annexes :* Saint-Blaise-de-Buis, de La Murette.

ROTULUS BENEFICIORUM

EXISTENTIUM IN DELPHINATU, BELLICENSIS DIŒCESIS, SUPER QUIBUS LEVATUR DICTUM SUBSIDIUM (S).

753. Ecclesia parrochialis Pontis Belli Vicini (505). . XV.
754. Capella Sancti Spiritus in ecclesia Pontis *(ibid.)*. VI.
755. Capella S. Claudii. . . . . II.
756. Capella S. Catharinæ ibidem. . . . . III. Xˢ.
757. Capella S. Antonii . . . . VII. Xˢ.
758. Capella B. Mariæ Magdalenæ . . . . XV.
759. Ecclesia S. Albini (508) . . . . XXX.
760. Ecclesia S. Joannis de Avillana (510) cum capella
domini Lyatardi. . . . . XXXV.
761. Ecclesia Preyssini (506) . . . . XXIII.
762. Ecclesia de Vallibus (502) . . . . XXIII.
763. Ecclesia Romaniaci (507) . . . . XV.
764. Ecclesia S. Clari Augusti (491). . . . . L.
765. Ecclesia Gravinaci (497) . . . . XV.
766. Ecclesia Similini (503) . . . . XLV.
767. Prior Corbalinæ (495) . . . . IIᶜ L.
768. Ecclesia ejusdem *(id.)* . . . . XI.
769. Capella B. Mariæ ibidem. . . . . VII. Xˢ.
770. Capella B. Catharinæ ibidem. . . . . VII. Xˢ.
771. Ecclesia Veyrini (504) et Tyllin (500) . . . . . . XV.
772. Ecclesia Bocagii (493) . . . . XV.
773. Capella S. Antonii . . . . XI. Xˢ.

(S) Ces bénéfices du diocèse de Belley, situés en Dauphiné, correspondent, dans le pouillé de 1790, aux archiprêtrés d'Aouste et du Pont-de-Beauvoisin.

ARCHIPRÊTRÉ D'AOUSTE.

NOMS DES PAROISSES.	VOCABLES.	PATRONS.
491. Aouste.	Saint Clair.	L'évêque de Belley.
Il y avait dans ce bourg une chambre diocésaine.		
492. Bâtie-Mont-Gascon (la).	St Symphorien.	L'évêque de Belley.
493. Bouchage.	Saint Julien.	Le doyen de Saint-Pierre e Saint-Chef de Vienne.
494. Buvin.	Saint Julien.	La cathédrale de Belley.

774. Ecclesia de Serris . . . . XX.

775. Ecclesia S. Desiderii (499). . . . . XXXVI.

776. Ecclesia SS. Simi et Amelini. . . . . XXX.

777. Capella S. Georgii ibidem . . . . VII.

778. Ecclesia Beytini (494) . . . . XV.

779. Ecclesia S. Andreæ Palludis (509) . . . . . . XXV.

780. Ecclesia Fetiliaci(504) . . . . XVI.

781. Capella S. Antonii . . . . V.

782. Capitulum ecclesiæ Bellicencis, pro his quæ
percipit in Delphinatu . . . . XXX.

783. Abbas Altæ Combæ pro his quæ percipit in
Delphinatu (T). . . . . LXXXVIII.

784. Abbatia S. Petri Lugduni pro his quæ percipit
in Delphinatu Bellicensis diœcesis . . . . LXXX.

785. Abbas de Stinnaco . . . . XXV.

786. Cantor Bellicencis . . . . XVIII.

787. Capella S. Michaelis in ecclesia Albini (508) . XV.

788. Capella B. Mariæ Magdalenæ in ecclesia Cor-
bellini (495). . . . . VII.

789. Decimæ loci Fetilliaci (504) . . . . CXX.

790. Decimæ Augustæ (491) . . . . XX.

(T) L'abbaye d'Hautecombe, de l'ordre de Citeaux, fut fondée vers 1121,
près du lac du Bourget, au diocèse de Genève.

NOMS DES PAROISSES.	VOCABLES.	PATRONS.
495. Corbelin.	Notre-Dame-des-sept-Douleurs.	L'évêque de Belley.
Il existait dans cette paroisse un prieuré uni au séminaire de Belley.		
496. Cyers (archiprêtré).	Saint Pierre.	Le doyen de Saint-Pierre et Saint-Chef.
497. Granieu.	Saint Blaise.	L'abbesse de St-Pierre de Lyon.
498. Saint-Barthélemy-de-Faverges.		L'évêque de Belley.
499. St-Didier-lès-Champagne.		L'abbesse de Saint-Pierre de Lyon.
500. Tullin (al. Tuellin).	St Jean l'Évang.	L'évêque de Belley.
501. Veyrins.	Saint Jean Porte-Latine.	L'abbesse de Saint-Pierre.

Sic fuit quothisatum per Nos pro resta novem millium quater-centum et quinquaginta librarum donatarum domino nostro Regi per clericos Viennensis diœcesis anno Domini M. V^c XXIII et die quinta mensis novembris. — G. Palmarii commissarius. — A. de Columberia commissarius. — Claudius Payn prior S. Valerii. — J. Chappuys Baronati. — Petrus Bertalis. — G. de Villa. — A. Goyn Gamon.

Super hujusmodi Rotulo fuit extractus Rotulus trium decimarum de anno Domini millesimo V^c xxxv et facta debita collatione per nos subsignatos hodie XIII mensis septembris anno superdicto sic subsignati. — Egidius Maximi. — Costagni de Columberia.

Concordat cum extractu originali ex archivis abbatiæ Sancti Antonii Viennensis. — F. DE LA RENIÉ, procurator et sindicus dictæ abbatiæ. — Et Ego, ludimagister oppidi Sancti Antonii, fidem facio me extraxisse ex coppia originalli. E. GIROUD.

ARCHIPRÊTRÉ DU PONT-DE-BEAUVOISIN.

NOMS DES PAROISSES.	VOCABLES.	PATRONS.
502. Aveau.	Saint Hilaire.	L'évêque de Belley.
503. Chimilin.	Saint Laurent.	*Idem.*
504. Fitilieu.	Saint Pierre.	*Idem.*
505. Pont-de-Beauvoisin (le).	Saint Clément.	*Idem.*

Il y avait dans ce bourg, dont le curé était archiprêtre, une officialité diocésaine, — une communauté de chanoinesses régulières de la congrégation de Notre-Dame, fondée en 1648, sous la règle de Saint-Augustin; — une confrérie de pénitents de la congrégation du T. Saint-Sacrement; — un hôpital, dont les bâtiments étaient depuis longtemps détruits et les revenus modiques; — un collége établi en 1766.

506. Pressins.	Saint Eusèbe.	L'évêque de Belley.
507. Romagnieu.	St Christophe.	*Idem.*
508. Saint-Albin.		Le prieur de Saint-Beron.
509. Saint-André-la-Palud.		L'évêque de Belley.
510. St-Jean-d'Avelane.	St Jean-Baptiste.	*Idem.*
511. Saint-Martin.		*Idem.*

www.ingramcontent.com/pod-product-compliance
Lightning Source LLC
Chambersburg PA
CBHW070936280326
41934CB00009B/1904